我的青春我的梦
全国中学生校园美文精品集萃丛书

江月知人念远，上楼来照黄昏

你笑着点头，我哭着挥手

《中学生博览》杂志社 选编

时代文艺出版社

图书在版编目（CIP）数据

你笑着点头，我哭着挥手 /《中学生博览》杂志社选编. —长春：时代文艺出版社，2018.8（2023.6重印）

（"我的青春我的梦"全国中学生校园美文精品集萃丛书）

ISBN 978-7-5387-5725-5

Ⅰ.①你… Ⅱ.①中… Ⅲ.①作文－中学－选集 Ⅳ.①H194.5

中国版本图书馆CIP数据核字（2018）第004349号

出 品 人　陈　琛
产品总监　郭力家
责任编辑　王　峰
助理编辑　史　航
装帧设计　李　斌
排版制作　隋淑凤

本书著作权、版式和装帧设计受国际版权公约和中华人民共和国著作权法保护
本书所有文字、图片和示意图等专有使用权为时代文艺出版社所有
未事先获得时代文艺出版社许可
本书的任何部分不得以图表、电子、影印、缩拍、录音和其他任何手段
进行复制和转载，违者必究

你笑着点头，我哭着挥手

《中学生博览》杂志社　选编

出版发行 / 时代文艺出版社
地址 / 长春市福祉大路5788号　龙腾国际大厦A座15层　邮编 / 130118
总编办 / 0431-81629751　发行部 / 0431-81629758
官方微博 / weibo.com / tlapress
印刷 / 北京一鑫印务有限责任公司
开本 / 700mm×980mm　1 / 16　字数 / 153千字　印张 / 11
版次 / 2018年8月第1版　印次 / 2023年6月第5次印刷　定价 / 34.80元

图书如有印装错误　请寄回印厂调换

编 委 会

编委会主任：刘翠玲　夏野虹　高　亮
编　　　委：宁　波　孟广丽　张春艳
　　　　　　李鹏修　苗嘉琳　姜　晶
　　　　　　王　鑫　李冬娟　王守辉

目 录

你笑着点头，我哭着挥手

你笑着点头，我哭着挥手 ……… 雨　落 / 002

人旧·失语·告别 ……… bottle / 005

与旧时光失联的日子 ……… Yarrow / 008

时光机 ……… 成群飘 / 011

最长的春天 ……… 迪克猪仔 / 015

那年的城市，那年的你 ……… 临水界 / 020

笑忘歌 ……… 明　苍 / 025

从我的全世界路过 ……… 巧笑倩兮 / 031

时光机 ……… 晞　微 / 036

毕业时刻 ……… 羽　沐 / 041

唯理想与爱不可辜负 ……… 最晴天 / 044

跟有趣的人相处

跟有趣的人相处 ……… 巫小诗 / 052

来一场男人之间的对决 ……… 木各格 / 055

十三岁离家出走 ……… 小妖寂寂 / 058

你不喜欢我没关系，反正我又不喜欢你 ……… 画　眠 / 061

我在哈尔滨找到一间自习室 ……… 街　猫 / 063

陪，就是爱 ……… 无泪孙倩 / 066

你的昼夜厨房与爱 ……… 海豚同学 / 068

长不大的美少女 ……… 蒋一初 / 070

凉风蓝海和沙丘 ……… 微　茫 / 073

不过是努力前行，为何要说利欲熏心 ……… 巫小诗 / 076

我们没有在一起

我们没有在一起 ……… 酴可一 / 080

花房姑娘 ……… 巫小诗 / 087

向阳绿萝最美丽 ……… 小妖寂寂 / 098

糖衣 ……… 一　诺 / 105

尾座上的小尾巴

尾座上的小尾巴 .... 小　桐 / 114

网瘾老青年和毒舌小少女 .... 郦格格 / 116

谢谢你"冒着生命危险"成为我们的家人 .... 黄童鞋的米 / 123

请您保重直到时间尽头 .... 理　樵 / 128

妈妈也曾是公主 .... 阮　欢 / 132

未乘时光去 .... 田璐璐 / 136

喂，谁敢动我姐 .... 未　之 / 139

我愿用我的一切换她岁月长留 .... 依　林 / 143

干了这碗鸡汤

干了这碗鸡汤 .... 蓝格子 / 150

当道理遇上现实 .... 许安然 / 152

各按其时成为美好 .... 檐　萧 / 154

什么样的鸡汤好喝？........ 阿　黄 / 157

生活是这样子，不如诗 .... 草帽儿先生 / 159

你说我们的故事会不会有以后 .... 理　樵 / 163

你笑着点头,我哭着挥手

不止一次跟小包说过,我很讨厌,今年的夏天。

对于高三党来说,夏天是毕业季,是分手季,是离别季。

无数个深夜,笔尖下流过的墨水沉淀成一沓沓厚厚的试卷,在天晴后的那三天,把三年来的喜怒哀乐、恩怨情仇一并交上。一想到三年后的某一天我也要交这份沉甸甸的试卷,我就忍不住会把头埋在手臂里痛哭。

三年后,我们或许相见,或许不见。

你笑着点头，我哭着挥手

雨蔻

01

可能是走廊外的太阳过于耀眼的缘故，我需要眯着眼睛才能看清阳光下的雨。

闷热的雨水积聚成线，把整个学校一丝一丝地编织成茧。风拧成一股暖流，冲刷到身上的时候是热的，冲刷到心里的时候……它冲不到心里。

02

不止一次跟小包说过，我很讨厌，今年的夏天。

对于对面楼的高三党来说，夏天是毕业季，是分手季，是离别季。

无数个深夜，笔尖下流过的墨水沉淀成一沓沓厚厚的试卷，在天晴后的那三天，把三年来的喜怒哀乐、恩怨情仇一并交上。一想到三年后的某一天我也要交这份沉甸甸的试卷，我就忍不住会把头埋在手臂里痛哭。

三年后，我们或许相见，或许不见。

那一天，我或许会去老师的办公室把你的评价手册翻出来，撕下上面的那张红底照片，再把它小心地用白纸包好藏在我床头的小箱子里，作为那段荒唐岁月的印记。我要的不多，一张照片而已，真的。

岁月匆匆划过肩头，六一快到了，小包说她只有三岁。我俯过身在她耳边说我要给她过第一个六一。

她从没过过六一，我也没。

03

学校丝毫都不亲民，这一点我可以拍着胸脯以自己的人格作证，每当老黑浩子几个吐槽我没人格的时候，我都会咧着嘴发出招牌性的大笑告诉他们我有神格。不到一点半打死不开电，这俨然成为我大云中的铁律。

前面隔着两张桌的女生在听歌啃布丁，斜对面一个戴眼镜的钢铁侠，他在看钢铁侠而我却不知道他的名字……

面前的小包正坐在椅子上抱着腿睡觉，纱布般的黑白衬衫盖在两条腿上，沉稳的呼吸声与后边圆珠笔划过纸张的声音形成鲜明的对比。

小包的朋友说她睡觉的时候有点婴儿肥，我一直很肯定，她不睡觉的时候也会婴儿肥，而且不是一点儿。

教室像充满热气的气球微微发胀，即使没有噪音但可还是觉得很烦。起身想要拉开窗户却发现窗门根本没关，从早上到现在。

04

她在梦里，梦外守着一个我。

常常讨论坚持与放弃，可每当自己把"放弃"这个词跟眼前酣睡的小包联系在一起的时候，我又忍不住哭出来。

我讨厌这个夏天，更讨厌放弃。

捂着嘴跟后面借了一张白纸，在她的书包里熟练地夹出一支笔，素雅的纸上写着我歪斜的字。

这也许是我最后一次给你写信了，我想。

丫头，我要离开你了你知道吗？你要好好学习不要让人担心知道吗？

你说过我可不可以等一两年，如果一两年后我还在喜欢你再来追你，我也倔强地回答过现在追跟一两年后追并没有区别。

啪嗒、啪嗒。眼泪在往下掉，蒙眬了视线，我没办法捂住。连忙把纸塞在你的书页里，怕它被眼泪打湿而让你发现泪痕。

走到厕所用水冲脸，清水混着咸咸的味道顺着管道流到水沟。回到教室捡起你擦汗的纸巾和我擦眼的纸巾丢到垃圾桶里。

坐在你面前抽出一把扇子对着你扇啊扇，这个动作貌似做过很多次，每扇一下都觉得很开心，现在每扇一下却发现很苦涩。

或许一两年后我还在喜欢着你，五六年后依然在某个地方默默地喜欢着你，但那时的我，已经没有勇气回来找你。半甜半涩的荒唐年华流过左胸口的颤动，洗掉的，是那份执拗与勇气。

05

流星绚丽地划过天际，想要在夜空留下不灭的痕迹。眨眼之间却发现除了微微扬起却旋即沉落的尘埃，什么都没留下。就像毕业季的雨水掺杂着酸味洗过的操场一样，不带联系，只剩回忆。

你仰着脸，看到我湿了眼眶；我擦掉泪，却看到了窗外的自己在笑着点头。那是多么陌生的笑容，刺痛心扉，我不想成为那样的人。

离开吗？不，我还不能离开，不能。

我，还有梦……要追！

人旧·失语·告别

bottle

一、人会旧

刚刚结束兼职吃完晚饭，坐在寝室楼下的……地上，长椅上已经有人。

风还是有点儿凉的，中午气温25℃，穿着单衣出门就没有再回寝室拿外套。饭店的生意不好但也不算太坏，我撑到了七点然后在那里吃了晚饭，省下一顿饭钱。

三点体育课结束后在体育馆勤工俭学，整理了一大堆书，几万本不止的书堆砌在体育馆的角落，等待被分类。分多了大概也就记得住I类多是小说，B类和人的心理精神有关，H类的大多是语言、文字，TU、TP等是计算机物理，技术类的书应该都会被归为问题书吧。

看到一本灰黄的散发着霉味的《西厢记》，是老式没条码那种。什么东西都会旧，人会旧，感情也会旧。

二、失语症

有时候我觉得我得了失语症，眼巴巴地看着别人一语不发。

Andy今天上最后一节课，课上我们像往常一样，听他扯些有的没的，笑得很开心。谈话间提到了吸血鬼和美剧，有好多人激动地拍桌子附和他，他拍着大腿说，"哎呀，这次终于不孤独了。"上次说到梭罗全班就我一个人看过《瓦尔登湖》，他放下课本双手捂胸痛心疾首地说，"哎呀妈呀，我真的太孤独了。"然后说，"不行，你们应该附和我一下。"全班沉默了几秒，他眼巴巴地看着我们，很委屈的表情。我们恍然大悟，一起用了然的语气说，"噢，是那个那个啊。"他这才笑起来，满意地继续讲课。

今天上课开始时他就和我们说，"女博士从瑞士回来了，接下来就她给你们上课了啊。"全班反对的声音此起彼落。他就站在我旁边，我抬头看着他，一句话也说不出来，我也想像别人一样说，"我们不想换老师，我们喜欢你啊。"可是声音被堵在喉咙口，发不出。

他夸过我聪明来着。上次他在课上让我们写一个和这单元课题"贿赂"相关的事情，我英语差得没话说不会写。想了两节课，班上所有同学都走了，最后灵光一闪画了一个Q版Andy告诉他，"老师这是我'贿赂'你的，让我下课吧。"他接过去，双手合十微微鞠躬对我说，"谢谢你啊，我很喜欢"。然后让我在画的下面署名，写我的名字"bottle"，还有"to Andy"。

和以往一样提前下课了。收拾书包，走出教室，就像下个星期二还能再上他的课一样。可是走出教室门，我背对他头也没回地走着，哭了。

本来想正正经经地给他画一幅画的，重新画一张更好的给他，然后写上"bottle to Andy"。可是一个星期过去了，我昨天才认真观察起他的脸的轮廓，才在听力材料后面画着他轮廓的简笔画。

很多事情来不及，错过了，就是再有机会也不及当时。

三、重复告别

头顶是一盏路灯，身后有篮球起起落落的声音。我已经很久没有失语，没有再对任何一次告别有深刻的动容。

今天还是很平常，继续兼职上课，等一下回寝室洗澡洗衣服开电话继续作图。

日复一日地复制生活的大致轮廓，不论细节地活着。

明天要去一号寝室楼阿姨那边值班，距离南阿姨离开又过了一个星期，那个在冬天大力拍着我的背说你作死啊这么冷的天就穿两件衣服的人，那个会拿热水袋给我焐手的人。

可能在某个猝不及防的下午，还会有人来和我说，"嘿，我明天要走了。再见。"

然后又再一次告别。

重复。

与旧时光失联的日子

Yarrow

其实已经要睡了，可是闭上眼睛，往事便如恶猫般疯狂地挠着我的心，疼得撕心裂肺。我只好起身。

秋　秋

其实我刚刚只是误入了你的空间，然后把你写的说说全都看完，眼泪莫名其妙地开始掉，我们好像一点儿关系都没有，以至于我连加你为好友的勇气都没有。

我用另一个号码给你打电话，在黑暗里屏住呼吸，听到那头的你一声"喂"就匆匆把电话挂掉。我不知道我在害怕什么。

可不可以说说那个清晨，上课了我还在宿舍里睡着，发烧，昏昏沉沉，你从教室回来寻我，流着汗，大喘着气，见我没事叮嘱了两句也就回去上课了。之后她们告诉我，你一大早在班里找我，又从喜哥那儿得知我没有请假，才担心成那个样子。

后来我问你："你怎么没有跟其他人一样觉得我只是请假了呢？"

你做着数学题淡淡地说："那天早上读着书，总是心神不宁……"

我想我没有告诉过你，当时我差点儿就哭掉。我总以为所谓的

"心有灵犀"是胡扯，可是我还能不能遇到一个人，能感知我的不安？

正如同我记不起我们是如何熟络起来的，我也记不清我们是如何渐渐陌生的。我们只是慢慢地没有晚修下课一起回宿舍，慢慢地没有一起跑步，慢慢地没有话说……

阿　桂

我记得我们初一的时候元旦会演排练那段日子，我把饭盒都放在了你的宿舍里，我们几乎一整天都粘在一起。后来你外宿，总是从家里带各种好吃的给我，每天中午你来到学校我们总要一起去绿色长廊聊天，哪怕只有十分钟。

我记得那时候我们的样子，无话不谈，同哭同笑。

我记得初二尾巴上我被污蔑偷窃的那起事件发生后，你是还留在我身边的三个人之一，你担心我在学校压力大，还带我回家住了一晚。只是我也记得你在第二天被班主任叫出去后从班外进来哭着问我，"你为什么要骗我……"

从那一刻我就知道，你我之间，从此千沟万壑。

标　姐

听说你考去了"北航"，我也不确定了，总之是前途无量。如今关于你的消息我也只是靠"听说"了。

那时候你坐在我的后桌，每天拌嘴逗乐，你是男生里少有的好脾气，认识如今也有六年了，从来没见你发过脾气。咱俩总是纠结月考谁比谁又多了几分，我总是在前几科分数刚出的时候跟你哭诉，咬牙切齿地说这次你肯定比我高分，而往往你在同情我因而请我吃零食之后就会发现后几科分数一出，高分的又是我。然后轮到你咬牙切齿，只是下一次我哭诉你又会信我。

那起偷窃事件里，不知道你是否是相信我的，只是你一直与往常无异，跟我打跟我闹跟我聊天，还在晚修课上跟我传纸条聊天浪费了不少时间。还是要谢谢你，给了我很多的力量。

初三的时候你爸爸病故，你低沉了好一段时间，我没法子，只是跟你说，"你负责调整好心态，我负责帮你把学习重新追上去。"我总是庆幸，那些陪在你身边的日子。

高一那年你生日，我发动了好多人给你发祝福短信，认识的，不认识的，据说那天你的手机被短信塞爆。为此有些同学还传了一些咱俩的绯闻，我不在意。我只是想，你帮过我那么多，我想给你一份特别的生日礼物。

我前几天给你打电话，发现已经是空号了。我们以后也许再难相见，而我也清楚，再见也无当初的熟络。

没关系，我们都往前走吧。

唉，心里的悲哀越来越浓，感觉自己与旧时光失联了。

这种小片段我能记起千百个，可是我害怕，我不知道，正在成长的你们，正走在更远的路上的你们，是否与我一样，对这些年少回忆珍重无比。

我害怕这些回忆都蒸发了，汇成一朵忧伤的云，在这些个我与旧时光失联的日子里，落下一场又一场滂沱大雨。

时 光 机

成群飘

中午自习的时候，听到广播站放着五月天的《时光机》，不知道为什么心情一下子就变得很低落，放下笔撑着腮帮子看窗外，思绪一下子就飘远了。

在还没遇见诗诗之前，我过着规规矩矩的生活。即使还是小学的年纪，也常常被长辈夸赞文静懂事，可是谁知道呢，我心里隐藏着许许多多的叛逆因子，只是找不到适当的时间和空间爆发。也就是这个时候，诗诗转学来了。

她大概是我儿时玩耍的启蒙小老师，记得第一次看到她，她扎着萌哒哒的丸子头，穿着剪裁合身的红色小旗袍，俨然一个小淑女，根本想不到原来玩起来性格这么野。她反驳，她对我的最初印象也是如此，看着跟小媳妇一样羞答答的轻声细语的啊，未承想内心也是野狗一样啊！

我去过诗诗的家很多次。她家乱得跟狗窝一样，说得好听点儿是有艺术感。而我呢，每天都被我妈要求整理房间。所以第一次看到的时候我是很惊讶的。我小心翼翼绕过满地的杂物，听诗诗妈妈说她如何野，转而来夸我。诗诗可爱地吐了吐舌头，"妈咪，我们翁翁天生这么淑女哒，你就别拿我跟她比啦。"

也是那次之后我才知道，诗诗的妈妈心灵手巧，诗诗身上的衣服都是她妈亲手做的，包括我第一次看见的那身旗袍。诗诗妈妈每天都变着花样给她扎好看的辫子。诗诗家有一只大狗叫拿浦黄，还生了一窝萌萌哒的小狗。诗诗尽管成绩很烂，但她画的画特别美。

……

那是我第一次感受到一种叫嫉妒的感觉，诗诗的一切都是我所渴望的。所以我很愿意跟她做朋友。

诗诗有很多自己的秘密基地。当我们成为好朋友后，她每个周末都邀请我出去。可是实际上我没办法出去，我有很多事情要做，那些我不喜欢可是我的父母觉得我应该做的事。所以我每次都答应她，却在出发的那一天打电话告诉她我去不了了。听见她在电话那头遗憾地叹息，我竟然有点儿开心。那之后，她曾经还写了一篇日志，说我总是放她的鸽子，可是她不想失去我这个好朋友，所以她原谅我了。当时看觉得特别愧疚，现在再翻出来只觉得好可爱。

虽然我周末出不去，但是我们每天见缝插针地玩，我们跑去抓小蝌蚪，用瓶子装了带回家。距离产生美。某天当我在塑料瓶底部看到蝌蚪的肚子，一圈一圈像蚊香一样，我就被吓傻了，脑子一抽把它们都扔了。有几只因为比其他蝌蚪特别被我留下来了，后来也忘记有这回事了。直到某天突然发现我的蝌蚪不见了，瓶子里却突然多出几只青蛙，一时间又被吓傻了，然后连瓶带蛙地扔掉了。

我们还去摸那种在水田里的鱼，长得像泥鳅一样。捞的时候一不小心一脚踩下去，整只脚都滑溜溜的，到最后双手双脚满满的都是沼气发酵的味道。

下雨就更好玩了，我们走回家的那条路会瞬间出现很多小水坑，一脚踩下去你不知道溅出来的会是水还是癞蛤蟆，偶尔还有拖鞋，总之惊喜满满。我们经常一路小跑，力争溅对方一身泥。虽然回家后会被妈妈骂，可是我却很喜欢这个游戏。

放学路上我们偶尔买五角钱一包的辣条吃，后来听说辣条是用老鼠肉做的，当时我手上还捏着一根辣条要往嘴里送，吓得一下子把整包辣条甩出去很远。

诗诗家附近有一辆废弃的小货车，那是她的秘密基地之一，她带我去，然后让我和她们一样从那上面跳下来。我看着小伙伴们一个个跟饺子似的扑通扑通往下跳，不甘示弱，爬上去之后勇敢地跳了，落地的一瞬间觉得整个人的心跳都停止了，之后再没敢上去过。

诗诗曾经送了我一张图，她画了一只小蜜蜂，然后不断地复制粘贴复制粘贴，直到整个电脑屏幕都是黄色的，成功地把我逼成了一个密集恐惧症患者。她指着其中一只蜜蜂对我说："看，这只就是你啦，你就是这样的，嗡嗡嗡嗡嗡……"

我怎么会有一个这么可爱的小伙伴啊！

而在我的印象里做过的最大胆的一件事，肯定是那次。诗诗邀请我和她还有她哥哥一起去山上烤地瓜。

其实在那之前我们就已经实验过了，学着电视里面那样用砖头搭了个小灶，砖上放一月饼铁盒盖，再放上地瓜，直接就那样烤啊烤，然而还没等成功就被附近的大婶发现了，我们吓得拔腿就跑。

过后诗诗跟我说："我哥哥说那样不对，我们找个时间再去吧。我们先去准备材料。"

然后我们又做了一件疯狂的事，去摘附近村民种的地瓜。不用很大，小巧的更甜。我无法形容当时那种心情是有多开心，只能说就是好开心好开心。

那个周末也是一个疯狂的周末，我成功地避开了睡午觉的爸爸，偷偷溜出门去跟诗诗会合，然后在她哥哥的带领下上了山，我们一路唱着，"走走，走走走，我们小手拉小手。走走，走走走，一同去郊游。白云悠悠……"一边看路上各种动物粪便，也真是够了。

诗诗的哥哥一看就是过来人，他指挥我们分工合作，一个去捡树枝，一个跟他一起挖坑。他熟练地挖了个坑，把地瓜都放进去，再埋上，上面再放上点燃的树枝草屑。接下来就是漫长的等待了。

最后当把外皮烤焦散发着香味的地瓜挖出来的时候，我的眼睛真的是冒着光的。

就是在那种情况下，我们三个小孩儿顶着脏兮兮的脸，用同样脏兮兮的手掰开那些地瓜，然后十分虔诚地吃了。

那一定是我这辈子吃过的最好吃的地瓜。因为之后我再也找不到那种味道了。

真的是上天保佑，当我轻手轻脚回到家的时候，竟然发现爸爸还在睡觉，于是我默默洗干净手脚和脸，跑回房间记下了这"美好的一天"。

我一直在想，如果那时没有遇见诗诗，自己以后会不会就长成了一个无趣的人？但幸好我遇上了她，她给了我一个色彩斑斓的童年，为我平淡的生活添上了浓墨重彩的一笔。

最长的春天

迪克猪仔

1

高一新生录取名单张贴的那天，林小力一大清早狂骑车回到学校，就为了到围墙边上去看一看录取情况。

看到分班表后，他兴奋得像个拿到了糖果的小孩儿，引来了一大片鄙视的目光。暑假漫长得不像话，他却天天待在家里头，他爸妈拉他一块儿去香港旅行也不去。

他急急忙忙地给春天发了条微信：真倒霉又和你同班。春天立马发了个白眼的表情来。

林小力和春天初中同班三年，又是邻居，刚开始的时候，春天的妈妈交代林小力每天和春天一块儿上学，没想到一晃就三年了。初一的时候春天还是一个小胖妞，慢慢地变得越来越漂亮，喜欢她的男生越来越多，很多男生对林小力早上能和她一起上学这份差事羡慕不已。林小力成绩比春天差劲多了，本来他也不指望高中能同班，想不到还真的愿望成真了。或许这是个好机会，林小力偷偷地想。

2

开学第一天班主任安排座位,林小力坐在第四组,春天坐在第五组,俩人就隔着一条过道和一个男生。

其实,林小力很不满意这样的座位。他的手又不够长,想抽一下春天的马尾辫也不行。

自习课上,林小力做完作业后就对春天挤眉弄眼,还扮鬼脸,有一天春天气呼呼地说:"林小力你够了!你知不知道你这样很烦!"

林小力再也不吱声了,早上和春天一块儿上学的时候他都不敢说话,像个做错了事的小孩儿。

3

不知道从哪一天开始,春天的桌子上每天都会放着一盒维他奶,还有德芙巧克力。

同桌用手肘戳了一下林小力后说:"你小子也不孝敬孝敬我啊,你之前装神弄鬼的我都没吱声,我没功劳也有苦劳啊。"林小力满脸委屈状:"你又不是不知道我妈不给我零花钱,我就算想买也买不了。"

班里开始盛传春天有了男朋友,林小力想问她是不是恋爱了,但又觉得:"我和她什么关系啊,这么关心她干吗。"

4

春天没有澄清这些谣言,或者说也澄清不了。因为有一个男生经常来找春天,那男生长得清秀,八卦的女生很久就知道了他的资料。他在高一·二十二班,成绩和春天一样好。林小力心里酸酸的,很有挫败感。他才发现自己喜欢上她了。林小力像做了什么亏心事的，吓得一晚上睡不着。

林爸爸慢慢地发现了林小力有点儿不对劲，问林小力怎么了，林小力犹豫了一下还是告诉了爸爸："我喜欢上了一个女生，但她很优秀，我觉得自己很配不上她。"林爸爸笑了笑说："爸爸年轻的时候也有过这种感觉呢。"林小力赶紧追问："那后来呢？"林爸爸说："可爸爸觉得光自卑没用，比不上别人就努力地赶上呗，干吗想那么多。"

林小力恍然大悟。

自那以后林小力的张狂收敛了很多，开始变得用功起来。

圣诞节那天，林小力一个人去电影院溜达，那晚的风很大很大，电影院门前的圣诞树被吹得摇摇晃晃的。

还没进场，竟碰到了春天。林小力想偷偷地溜走，倒是春天一声喝住了他。林小力转过身，低着头不知道说什么，春天倒是先开口："你看的是哪一场电影？"林小力告诉她后，才发现俩人看的是同一部电影同一场次。春天突然说："等会儿和我一块儿进场吧。"

春天坐在第十排第五个座位，而林小力坐在第十排第六个座位。

那天晚上，林小力看了一场这辈子看过的最好看的电影，每一段冗长的剧情也变得无比动人。

第二天林小力托二十二班的一个同学给那男生捎了一张不署名的纸条：

　　姓蒋的给我听着，你敢对春天不好，我可对你不客气。

×××

那一刻单薄的林小力身上似乎散发着无比耀眼的光芒。虽然那男生看了后觉得无奈又好笑。

5

高一期末，要填分班表了。林小力填了理科，春天填了文科。

理科楼在学校东边，文科楼在学校西边，在理科楼看日出，在文科楼看日落。

　　后来的故事变得简单，林小力很努力很认真地学习，考试排名开始噌噌地往上爬。偶尔他还是会去文科班找春天。她不开心，林小力就变着花样哄她开心；她忘了把作业带回家，林小力骑着单车回学校拿给她；她饿了，林小力就和一群初中生一起挤小卖部。

　　无论做什么，都变得理所当然。林小力一直这样一根筋地付出，从不理会别人的眼光。

6

　　高考结束的那一晚，春天突然约林小力一块儿去看电影。在电影院挑位置的时候，林小力自作主张地挑了第十排第五个座位和第十排第六个座位。春天想说什么，但又咽回了肚子里。

　　他们都坐在原来的位置上，好像一切又回到了圣诞节的那个夜晚。

　　当电影缓缓开场后，这三年，不对，应该是这六年来发生的点点滴滴都像一幕幕的电影一样出现在眼前，那么熟悉那么怀念。初中三年和高中三年一直过来的碰撞与磨合，在这一瞬间似乎全部烟消云散了。

　　每一个镜头里，似乎都有春天。

　　林小力突然像想起了什么似的，犹豫了好久伸出了右手，轻轻地拉了一下春天的马尾辫，像完成一个庄重的仪式。

　　这是第一次，也是最后一次亲密的触碰。感受不了彼此的心跳，却感受得到彼此的温度。

　　他轻轻地闭上了眼，她轻轻地流下了泪。

　　故事应该结束了。

7

那年暑假,林小力发挥超常,考上了南方的一所高校,春天考得也不赖,考上了北方的一所高校。林小力坐上了开往南方的火车后,在微信编辑了一条长长的信息:

谢谢你陪了这么久。很不要脸地说,虽然我们从来没有在一起过,但我感觉我们在一起好久好久了,久得每一个镜头里都有你。如果没有你,我可能不会考得这么好。告诉你一个秘密,其实我喜欢你很久很久了。没有我陪着你,以后不要给别人欺负啦。

林小力不知道春天看了信息笑着哭了很久。他不会知道高一的时候春天压根不喜欢二十二班的那个男生,和他只是社团交流需要。

她不让林小力每天陪她一块儿上学是想让他能早点儿上学,她故意不理他只是想让他能够专心学习。但这些林小力同样不知道。

原来每一件事都有理由,原来每一件事都会结束。

火车开过一个山花遍野的山头时,乘客纷纷惊呼不已大夏天的怎么有春天的光景。想起第一次和春天相识的时候,小区的花也开得这般灿烂。六年,仿佛一个漫长的春天。

林小力突然从车窗里探出头来,用力地朝着漫山遍野的野花挥手,不知道他是在向这般春天打招呼,还是在向春天,以及他们的青春告别。

那年的城市，那年的你

临水界

那年初中刚毕业的我，因为某种原因满身风尘从一座南方小城来到石家庄。

阴沉的天气，飞扬的风沙，高大的树木，迥异的饮食，在那个完全陌生的北方城市，有让我措手不及茫然失措的一切。

我是在军训结束后才去的学校，室友们已经经过盛夏里的军训一役迅速缔结了革命情谊，我却像个外来者，拎着硕大的行李箱站在宿舍门口不知所措。好在寝室大姐有着北方人的热情，叽叽喳喳问着我关于家乡的事情，化解了我的尴尬。

我不知道要如何定义自己。一旦认定了某人是我的朋友，我会毫无保留地对她好；一旦有了好朋友，不管有几个我都会满足，但同时我也不会再结交新朋友。我觉得我能为朋友做的只有那么多，而一旦朋友多了，我的好就需要分成很多份，我觉得这对她们来说不公平。

当时我想到的只是找一个暂时的盟友，陪我度过这漫长岁月。

小A脾气不好，小B太吵，小C有些高傲，而小N，你刚刚好。

所以我必须道歉，小N，在最初的最初，你只是我寻找朋友计划里的"最大公约数"，我并没有打算和你发展成推心置腹的闺密，我只是希望在这个沙尘漫天的城市——有一个人能和我在起风的时候一起坐在教室里，仰望窗外那些南方校园里无法媲美的高耸树木，听它们被风撩动后的吟哦声——然后像是被点了笑穴，笑得莫名其妙，却纯真美好。

第一次见你，小N，其实我对你并没有太多好感。

拥挤的教室，已经没有太多空余的座位，你独自瘫坐在第四组第二排的位置上，撅着嘴和前桌的男生说话。男生似乎说了什么惹到了你，你越过桌子一手按着他的胳膊一手举着书往他身上招呼，直打得对方连连求饶。

从小到大，我对这类的女生都是敬而远之的，不善言辞不善交际的我觉得这种和我两个世界的人还是不要接触为妙。

可缘分大概真的是天注定，那些空闲的座位旁边都是男生，只有你一个女生。

无奈下的选择，竟没想成就了我们。

你熟络地自我介绍，还顺带把刚才被你一顿胖揍的男生介绍了一遍，但也仅此而已。这之后的几天，我们的交流仅限于"下节什么课""笔借我下"之类的。

真正拉近我们距离的，应该是你抱着你的粉色翻盖手机自言自语说闹书荒，然后我提了几本我看过的而且觉得不错的小说，于是你缠着我让我简单介绍下，看着你那亮晶晶的眼睛我竟无从拒绝，便合上书本耐心地给你讲故事。

到最后——你一本没看，因为我全给你剧透完了。

自此之后，你开始废寝忘食地看我推荐给你的小说，各种类型荤素不忌，到最后，你经常顶着黑眼圈直勾勾望着我说："你带坏我了。"

说完又一头扎到小说里，我对此表示……谁叫你自制力不行。

十一长假全寝室只有我没回家，你的寝室也只剩下了你。你开玩笑说："接下来的七天让我们相依为命吧——嗯，请多多指教。"

我无语地白了你一眼，你笑着来掐我的腰，两个人在校园里闹成一团。

那偪仄的天空下，是我到石家庄以来第一次发自内心的开怀大笑。

你知道我吃不惯北方的食物，就带我走街串巷地找饭馆，找不到就坐一个多小时的公交去市区找。走累了就买一串糖葫芦或者一个冰激凌，坐在公园的长椅上听风声，看来来往往的车辆的人群，交流彼此的初恋、失败的暗恋、曾经喜欢过的男孩儿、未来梦想中的良人，还有许许多多奇奇怪怪的东西，我们将其称之为"少女的小心事"。

你喜欢某本青春影像杂志，喜欢看着帅气的书模发花痴。我便陪你花三个小时的时间去图书批发市场。

你曾指着那本杂志对我说："我希望有一天能在这上面看到你的名字，然后我就可以很骄傲地跟别人说这是我朋友！"

小N，你不会知道，在我遇上你的时候我因为中考阴影已经整整一年提不起笔——却因为你的这句话，重新燃烧起了信心。

我以为我们会一直很好，至少在念书的这几年，我们会是最好的闺密，但这竟然成了我们的美好愿望。

因为某些原因，我们可能无法参加考试，全校老师为此心力交瘁，刚刚新婚的班主任甚至差点儿为此流产。

陆陆续续有同学办理退学手续离开这座城市，教室从座无虚席到空出一大排。幼时好友从老家打来电话，满满的兴奋，说那个全年无严寒酷暑的南部沿海小城，下了百年难得一遇的大雪。末了问我："石家庄应该更大吧？记得拍照片传到空间！"

我望了望窗外黑黢黢的夜色，张嘴却说不出话，只是"嗯"了一声。

小N，你看着我挂了电话，又看了看黑板上的粉笔字——那是班主任留下的——"该怎么帮助你们，我的学生"，抽着鼻子问我："我们还能看到石家庄的雪吗？"

那几天的石家庄气温很低,风很大,尘土也大,却很干燥。天一直阴沉沉的,厚重的云层笼罩了整个城市,大家的心情也都很低落。

同学中不知道谁说了一句:"雪融化后,春天就来了。"

像是承载了所有的希冀,大家一起等一场雪,一场可以把我们从黑暗旋涡中拯救出来的大雪。

有同学说,往年这个时候的石家庄应该雪花漫天,但今年湿度不行,估计下不了。

我摸着你的头发说:"再等等吧,这个城市不会如此薄凉。"

你红着眼睛望着我:"可是你等不了了,你要走了。"

是的,我也要走了。

当初来石家庄,是我没得选择的选择,而如今有选择摆在我面前,我毅然决然地决定奔赴下一个目的地。

离开石家庄的前一天,我找你道别,你的室友却告诉我你出去了。

最后我在那个每天早晨我们一边抱怨一边东倒西歪坚持跑完两圈的操场上找到了你,你像个傻瓜一样提着一桶水往空气里泼洒,两只手冻得通红。

我问你在做什么,你对我说:"不是说湿度不够才下不了雪吗?我在增加湿度呢,我要用一场大雪给你送行。"

你竟然一直记得,我曾说"我之所以选择来石家庄,有一半原因是我没有看过雪"。

小N,虽然我当时夺过你的水桶丢在一边骂你"白痴",然后扔下你独自跑开,其实是怕你看到我红了眼。

离开的那天,我刚踏出宿舍楼,行李箱的滚轮就坏了。你看我急得满头大汗,竟然笑了,说:你看,它都不想走。

可最终,我还是走了,而我,也终究没能等到属于我人生中的第一场大雪。

离别的车站,公车还没来,你起初是撅着嘴不肯理我,等大家都

——与我道别完，你小步挪过来拉了拉我的手，低着头闷声问我："真的要走吗？"

见我点头，你的情绪彻底崩溃了，拖着我的手开始哽咽，絮絮叨叨讲着这几个月来发生在我们身上的事。

在你面前的我或许太过理智，所以你曾说"有生之年能看你哭一次不枉此生"，然后小N，你如愿了。

像个小孩般哭闹的你，不知道要怎么做才能留下我的你，让我的眼泪也决了堤。

开往长途汽车站的公车摇摇晃晃地驶来，男生们已经开始帮我搬行李，你抓着我的手不肯撒开，同伴递给你的纸巾被你丢在一边置之不理。

你知道吗，小N，你是第一个因为我的离开而哭的人。

我坐在靠窗的位置冲你们招手，看着你蹲在地上号啕大哭，隔着玻璃听你控诉——你怎么可以把我教坏了就一走了之。

离开石家庄后我去了上海，正值圣诞节，上海没有下雪，我站在世博会结束后却仍旧开放的中国馆接到室友的电话。

石家庄终于迎来了这年的第一场雪，在我离开的第二天。

纷纷扬扬落了几天雪的石家庄，终究在喧嚣寂静中离我而去，新环境新面孔新城市，让我忙得没时间去整理那短暂却刻骨铭心的、发生在那座北方城市的故事。

小N，我们终究渐行渐远。

那时候的我们有多么的好，现在的我就有多么的遗憾。

我遗憾没能亲口告诉你，你是多么可爱的一个女孩子，更遗憾没能告诉你我有多爱你。

如今站在时光的彼岸，不论你听不听得见，我都想告诉你小N——那年的城市那年的你，是我最美好的回忆。所以愿你一切都好，还是那个爱笑爱闹爱黏人的小姑娘。

美好的姑娘。

笑 忘 歌

明 苍

一年级。

"同学们好,我是你们的班主任,希望我们以后能很好地相处……"老师满面笑容地说道。

第一次见到老师,感觉她好温柔,可是渐渐地我发现,她的温柔只存在于开学的前几天。

二年级。

我喜欢上了班上的一个男生,他长得很白,而且很"漂亮",害羞起来的样子特别可爱。

这件事不小心传到了老师的耳朵里,老师的脸臭得可怕:"你是小男孩儿,你怎么就喜欢上男生了呢……"

我当时很不耐烦,老师管的事儿好多哦,男生和男生就不能结婚了吗?

其实,我不只喜欢那个男生,还同时喜欢着班上最漂亮的一个女生,班上坏心眼子的包括我在内的男生给她起的外号叫"小美人"。

三年级。

"小美人"转学了,我有点儿失落。但是,班上来了一个转学生叫樊雪,看到她的第一眼,我的失落又瞬间转向了喜悦。

樊雪成功地替代了"小美人"班花的位置,可没过多久,万万没想到,喜欢上樊雪的不止我一个人。

自我们几个在地上同时写下自己喜欢的人的那一刻,男生之间无形的钩心斗角也随之拉开了序幕。

四年级。

我仍没有向樊雪告白。

因为,我清楚地明白她喜欢上了我的好哥们儿。

那小子不过是比我帅一点儿,比我高一点儿,打篮球比我牛一点儿,就这么把她给迷倒了?真不爽。

五年级。

我的好哥们儿竟然和樊雪在一起了,不过这也是预料之中的事。

好想打那小子一顿,可又下不去手,毕竟多年的兄弟了,谁叫我这么重义气呢。

之后,不知怎的,这件事就被老师知道了,他们两个被叫了家长,从此两人便变成了"陌生人",而我,却有一丝得意。

六年级。

临近毕业,老师对我们说了好多话,回忆着这几年的种种,老师真的很了解我们,对我们每个人说了很多暖心的话,这是平时很难听到的。我的好哥们儿哭得稀里哗啦的,我也哭了,班上的人都哭了。

真的好希望,不要下课……

樊雪即将搬家去青岛。我给她打了个电话,她一直问我是谁,说手机坏了,不能显示名字,我迟迟没有告诉她我是谁,除了失落,还是失落,她把所有人都猜了一遍,唯独没有说出我的名字。

初一。

陌生的教室,陌生的桌子,陌生的声音,还有一群陌生的人。

我感觉眼前的一切都朦朦胧胧的,仿佛做梦一般,真希望一觉醒来,就看到小学的班主任正气得咬牙地问我们:"这道题到底会不会解了啊,说句话啊都,急死个人!"

这时,前排的男生突然拍了我一下,笑着问我叫什么名字,我也笑着回应他,但那并不是发自内心的。

初二。

我已经完全习惯了这样的生活,得到了好多朋友,而且也有了喜欢的女生,就是我一个叫康梦依的同桌。

渐渐地,我对学习产生了反感。每天只想着怎么逗同桌开心,感觉只要看到她的笑,比什么都值得,于是,落下的功课愈积愈多,成绩也随之无情地下滑。

望着可怜的分数,明明急得不得了,多次对灯发誓要好好学习,可每听到康梦依温柔的声音,分数就永远无法拽住我的心。

初三。

老师把全班改成了单人单桌。

我只是幼稚地想康梦依主动来找我一次，所以一直没有主动找她。悲催的是，自从分桌那天起，她也没有找过我，只是时不时地对我微笑，明明只隔了几排桌子，幼稚的心却让我觉得隔了几条河。

为了引起她的注意，我开始更加肆无忌惮，言行举止散漫得夸张。

可渐渐地，她甚至不再在上课的时候看我，只剩下埋头学习，迎战中考。

功课落下的太多，即使在如此紧张的氛围下，我依然没有心思学习，感觉有些力不从心。因为我的懒怠，老师还专门叫了我的家长，我以为会有一场暴风雨，骂完就当什么事都没发生过，该干什么干什么。结果，妈妈流着眼泪劝说我学习，我的内心发生了前所未有的冲击，恨意，愧疚以及伤心。

毕业的那一天，老师们都没有讲课，班上也没有了秩序。有手机的同学纷纷将摄像头对准老师和朋友，而老师在那一刻，竟欣然接受我们任何无礼的请求。

直到最后，我也没有告诉康梦依"我喜欢你"，也许，我觉得已经没有必要了吧，因为，我的幼稚早已将她从我身边赶走了。

高一。

依然是陌生的教室，陌生的桌子，陌生的声音和一群陌生的人，奇怪的是，我很迅速地和他们打成了一片。

一天晚上，康梦依竟然给我发了QQ消息。我吓了一跳，这是有多久没和她聊天了，可没想到，几个月的时间没联系，她都已经有男朋友了。她问我要了电话号码，然后像初中时那样，有不开心的事就对我说。我依旧也只是她的聆听者，不同的是，中间多了一个话筒。

电话响了，看到来电显示，我忙躲去阳台接听，并锁上了门。那边她的声音很无奈，看来她又和她的男朋友吵架了，和平常一样，我所要做的，就是不停地开导她。

不知不觉说起曾经的事，她对我说："那时候你就爱和女生闹，每次看见你和其他女生玩，我就特想打死你，连你和别的女生说句话，我都气得要死。"

什么？我问她："我和女生玩，你至于的啊。"

电话那边传来开心的笑声："我想，那就是喜欢吧。"

当听到这句话的那一刻，我颤了一下，不知再说什么。电话两边都沉默了，许久，我笑着说："都已经过去了。"

高二。

高中的我并不奢望什么。

偏偏一次微机课，班上一个很漂亮的女生邵慧破天荒地坐到我身边，和我偷偷玩起了《植物大战僵尸》。运气好，挡也挡不住，整个微机室里，只有我和另一个男生的机子有游戏，并且那个男生很内向，不爱说话，毫无疑问，我捡了个大便宜。

之后，几乎每一节微机课，她都会来找我玩游戏。而且，她还要求我每天晚上在QQ上给她讲一个鬼故事，也不知道她是真喜欢还是假喜欢。

有次，她对我说："我生日要到了，我要礼物。"

我果断回应她说："没钱。"

晚上，我还是走遍了各个礼品店，为她买了一件生日礼物。

高三。

毕业季再次来临，我和邵慧报考了不同地方的学校。

同学们开始疯狂地合照留念，即使一些平时没有太多交流的同学，此时也变得着实亲切。

回想高中，真的是最难忘的三年，我们处在微微成熟的年纪，汗水，拼搏，青春的悸动，太多深刻的记忆。

大学。

宿舍的热情让我每晚都很难入睡，几乎每次都是过了半夜十二点，宿舍才熄灯。

黑暗中，我们吹牛，调侃，也说起了以前的趣事。听着室友的叙述，曾经初中时候的叛逆，对老师的顶撞，我却莫名地伤感。

宿舍里大笑过后的宁静，我轻轻地说着，回忆着："我初中的时候有过堕落期，一点儿都不想学习，班主任叫我家长，我当时真的恨死她了。数学老师对我特别看重，因为我数学成绩比较好嘛，就算我那时候已经颓废得不行，老师依然不停地把我往上拽。老师逼我们做题的时候，总是会说'我宁愿你们现在恨我，我也不想你们将来进入社会了再来恨我'。"

我斜上铺的室友说："那你恨她吗？"

我不知道室友是咋听的，估计又没过脑子，我说："莫名其妙嘞，我为什么要恨她啊，一切都是我自己不懂事作死的。就算在我堕落的时候没有拉我一把的老师，我也不恨。至于数学老师，其实我真的很感谢她那时候没放弃我，真的挺感谢她的，但是我让她失望了。"

之后，所有人都沉默了。不知过了多久，我对铺的室友说道："对啊，只怪我们不懂事，只有走过弯路，才知道谁是真心对自己好的。"

伤感也该告一段落了，于是我准备转移话题："唉，算了，不聊这些了，总算快放寒假了，四个多月没回家了。原来觉得春晚特别没意思，现在却突然好想看春晚啊，放假都有什么安排啊，兄弟们。"

话音刚落，接着又是一阵沉默。

我斜上铺的室友突然笑了："不走弯路怎能叫青春，给你们推荐首歌，五月天的《笑忘歌》，绝对会喜欢的。"

我对铺的室友拿起了手机，随后宿舍响起了歌声，直到歌曲唱完，我们都没再吭声，即使知道彼此都还没有睡去。

从我的全世界路过

巧笑倩兮

也许是言情小说和电视剧看得有点儿多的缘故，我把那些描写得近乎完美得苛刻的男主形象总是不自觉地要生搬硬套到我十八岁以前的生活里——因此，我可以大言不惭地说自己是"外貌协会"的忠实粉丝。但当我终于明白"理想很丰满而现实很骨感"的道理之后，我就主动把自己的要求降低，不求他性格多好、学习多棒，只求他腿长个子高、眼大酒窝小，就足以成为我"倾慕"甚至"暗恋"的"心上人"了。

不过，在"早恋猛于虎"的学生时代，我是不可能正大光明地像千颂伊对都教授大胆直接地问"哪怕是一瞬间，你有对我动心过吗"，而只能悄悄地把那些关于少年们的蛛丝马迹都藏在枕头下上了锁的日记本里——而且为了防止老爸的偷看，我曾在一天之内换过三次密码。

有一个成语叫"屡禁不止"，有一种说法叫"少女怀春"，于是，虽然老爸扼杀了我心中早恋的"幼苗"，却无论如何也禁止不了我满脑子"我爱上了一匹野马，我的家里却没有草原"的痛苦哀号——是啊，哪个女孩儿不曾有过一颗粉雕玉琢的少女心呢？

初二的时候，我第一次看到有一个男生能把篮球打得那么好，轻而易举的一个三分球就能博得全场女粉丝的尖叫。当时我和他的体育课都在同一个星期三的下午，班里的女生大部分都是他的粉丝，她们就兴高采烈地拉着我过去看他打球。

"砰"的一下，他在场上扔球的时候由于用力过度直接扔向了场外。所有的人都尖叫着躲开，而正盯着他所在的方向神游天外的我却被不偏不倚地打中了。"不好意思啊，同学！"他咧开一嘴白牙对我抱歉地笑。我心下吃痛，却掩不住内心的欢喜，因为那是他对我说的第一句话，也知道了他印在红色校队篮球服上的名字——张腾。

当时正好学了宗璞的《紫藤萝瀑布》，莫名其妙地，我在心里每一次默念他的名字，每在日记本里写下那两个字，就仿佛有一根根紫藤萝的藤蔓交错着，就仿佛每一处落笔都有紫藤萝花的芬芳，与我心底那一丝从未对他言说的朦胧欢喜相互掩映。

他是比我高一级的学长，我们的交集本就不多，只是后来从学校贴出来考上重点高中的光荣榜里找到了那个我再熟悉不过的名字。也因为这个也许并不算动力的动力吧，一年后我也考上了，这对平时成绩只在中游晃荡的我简直就是一个奇迹。爸妈很高兴，他们非要沾点光，万般无奈之下，我只得答应他们当我的左右护法，一路护送我去新学校报到。

"这位同学都上高中了，还要爸爸妈妈陪啊？"一年后我期待与他的重逢终于实现了。他以高中部学生会主席的身份亲自迎新，并委婉请求所有护送孩子前来的家长们在校门口止步。在他接过我的拉杆箱的那一刹那，我几乎要脱口而出："张腾学长，你还记得我是谁吗？"

我紧张得手心生出一层细密的汗，湿哒哒的，拉杆箱的握手处也不能幸免。他握了一下，细心地掏出一张心相印的湿巾纸："到了一个新环境，慢慢适应就好啦！"

我频频点头，就像小鸡啄米。但那天，他从始至终都没有想起我是谁来。因为，他的心早就被另外一个女生填满了——他送我到宿舍楼下，一个扎着马尾辫的师姐模样的女孩子抱着书从宿舍楼里娉婷而出："张腾，怎么还在迎新生啊？中午一起吃饭，别忘了哈！"

那天，我蒙着被子在新宿舍里号啕大哭。几乎所有的人都认为我是因为想家才哭的，其实，他们哪里知道，我的哭，全都是因为那一片紫藤萝从此不再属于我——或者从头至尾都不曾属于过而我悲从中来。

高中的课业远比我想象的要复杂沉重得多，中考的三分侥幸取胜让我不敢沾沾自喜。于是我强迫自己学会了重心转移，用学习上的充实填补我那还没有恋过就失恋了的空虚时日。

欧凡就是在这个时候又一次闯入了我冷静而克制的情感波心。他的个子只有一米七六，典型重庆人的标准身高。可对于当时就有一米六三的我来说，又有张腾一米八四的"高海拔"先入为主，他的身高并没有为他在我心里多加印象分，而且由于内分泌失调长满青春痘的那张脸，实在是让我无法在看过张腾那张白面书生的脸孔之后再来接受他如麻豆一般坑坑洼洼。

唯一让我觉得能够接受的是——他的性格真是好到无可挑剔。甚至有时候我会因为他的性格实在太好了，我却给他那么低的印象分而愧疚——好吧，我发誓，这是真的！于是他用他的完美性格填补了我作为"外貌协会"的一名资深会员的深深缺憾。

高一的时候，我的理科成绩特别不好，理化生的单科成绩屡屡刷新班级最低分。可另一方面，我的文科成绩又高得出奇，这让老班对我又爱又恨——班里每个学生全面发展才不会影响班级的年级整体排名嘛，因为这个理由，他便让理科成绩好得没有天理的欧凡为我补习。

"不要急，慢慢来，再算一遍！"无论我是犯了多么低级的错误，他都和颜悦色、不厌其烦地跟我讲了一遍又一遍。有时候连我的同桌都因为我的弱智有忍无可忍的时候：

"去找欧凡，我看也只有他能够容忍你提这么低级的问题！"

去就去，谁怕谁啊！于是我就拧着一本化学习题往后桌一放："这题怎么解啊！"

欧凡却一脸惊奇地看着我，下意识要去遮挡什么东西。我一时好奇，便越发凑近了过去看——几个手写的字"送给亲爱的小孜"映入眼帘，等等，干吗要写本小姐的闺名？

欧凡的字写得飘逸，"宋小孜"三个字，我承认写字如狗刨的我从没把自己的名字写得行云流水过。我把目光紧紧地锁定在"亲爱的"这三个字上，虽然知道如今民风开化，得谁都叫谁亲爱的，可是我还是不太习惯一个男生没来由地叫他的女同学"亲爱的"啊！就在这时，我的可爱同桌扭过头来，看见了我手里的错题集，揶揄欧凡说，一个理科天才为了帮一个理科白痴补习，把"武功秘籍"都拿出来了，可见是真爱啊！

说者无心听者有意，我和欧凡都羞恼得抓耳挠腮。看着他微微发红的耳根，我自己的心里好像也开始"扑通扑通"，像是漏了一拍，跳得飞快。

可是尽管欧凡的脾气再好，辅导我的时候再怎么仔细，我的理科成绩还是没能补得起来。原本为了张腾而发愤图强要去读理科的我，在"理科成绩实在烂得扶不上墙"的惨痛现实面前，"委屈"自己选了文科。

原来理科班的同桌成了我高中时期最好的闺密，我便时常能从她那里得知欧凡的近况——他考了年级第一、拿了全国物理竞赛高中组冠军；再后来保送了B大，依旧是一路光环。而我自己的高中生涯也因为文科的轻松而变得风生水起。

只是一文一理，我们从此也再无交集，不知道他是不是依旧一副好脾气。

我留恋那个蝉鸣清澈的夏天，他就像一块时间的橡皮擦，帮我涂掉了所有因理科成绩不好而滋生的焦躁情绪，换我一个明媚笑脸。

今年春节，家里翻修新房，妈妈决定把我十几年来的书都当废品卖掉，太占地方啦，而且现在又用不着，她说。我恳求她给我三天时间清理，于是我从一大堆泛着霉味儿的废纸堆里找到了那个写满了"紫藤萝"的日记本，那本写着我名字"宋小孜"的错题集，像是两位故交老友，走上前来对我浅浅一笑："嗨，宋小孜，你好呀！"捧着它们，我几欲落泪。

那时我才明白，原来两位少年的模样，一颦一笑、一举手一投足，都是那么清晰地印刻在了我的脑海里。

从你的全世界路过，你就把我当成一个过客吧。

从我的全世界路过，却惊艳了我的整个青春或甜蜜或懵懂的曼妙时光。

时 光 机

晞 微

A.公主的七彩长裙

每个女生小时候都有那么一个公主梦吧。

有七彩的裙子，数不尽的棒棒糖，夏天有空调，冬天有温暖的床，有很多很多的小熊。

我小时候就很固执地认为，一条好看的裙子，是一个公主的标配。

小时候的我是一个假小子，剪的是男生一样的短发（现在想想可能是妈妈图省事），一到夏天就穿件无袖小背心，一个小短裤，整天跟在哥哥身后乱跑。抓知了、爬墙都能干，除了隔壁的女生之外几乎没有同性朋友，甚至连上厕所都被当成男生轰出来过。

再长大一点儿，认识了更多的女生朋友，才开始有点儿像女生。也会对着镜子臭美，把蝴蝶结夹在头上，或者偷偷穿上妈妈的裙子对着镜子摆pose，在听到脚步声之后匆匆地换下衣服，就像十二点的灰姑娘急匆匆褪去华服，假装坐在床上看电视。

后来暑假去深圳，一起跟着大人去买衣服，在衣架上我看见一件彩虹色的连衣裙，它安安静静地挂在那里，我的脑海里的第一念头就是：我要叫妈妈买下它。软磨硬泡之后，妈妈终于答应让我试试看，镜子里的我短短的头发，穿着漂亮的、垂至脚踝的长裙，我再也不愿意换下来。后来妈妈一看标价牌，不答应买了。我伤心地哭了起来，最后还是姑姑帮我买了下来。妈妈过意不去，把钱还给了姑姑，裙子就这么被留了下来。

裙子被穿的次数加起来不超过十次，刚开始是因为穿起来实在太热，后来便慢慢被搁置在衣柜的一角。暑假整理衣服的时候把它整理了出来，还是忍不住在身上比画了一下。当年的长及脚踝的长裙，现在都可以当成超短裙来穿。看着它，仿佛又回到了当时把它穿在身上洋洋得意的时光。现在的我一直在往前走，慢慢丢下了年少的我。

B.动漫和贴纸

我读四年级开始看动漫，《名侦探柯南》《犬夜叉》以及《水果篮子》。

那时候每天下课同学们都会一起讨论昨天的剧情。兴致勃勃地说"昨天的柯南好帅！""犬夜叉和杀生丸好厉害！"这大都是打打闹闹的男生讨论的。

而手挽着手的女生，对桔梗、戈薇有着更大的兴趣。

相比起来做作业，每天一回家打开电视机看动漫的诱惑要大得多。我对动漫的喜爱近乎狂热，收藏相关的贴纸也就不足为奇了。学校门口商店橱柜里的贴纸总是不吃早餐的原因，没有之一。

下课后女生的话题又增加了一样："欸，我有好几张这样的贴纸呢，你们要不要换！"

"哪张哪张？让我看看！"

等到初二的时候才停止收集贴纸，因为觉得无聊了。把盒子里的贴纸都拿出来看了一遍之后便"啪"的一声盖上盒子放回抽屉，再也没有拿出来过。动漫现在还在看的，只有《名侦探柯南》和之后出的《怪盗基德1412》那一系列，我还是喜欢新一喜欢基德喜欢平次。其他的动漫，都被我留在了记忆里，陪伴着记忆里年少的我。

C.吃是从小培养的

才开始记事起，我对"吃"就有着雷打不动的热爱。那时候还没有巧克力和薯片，只有酸梅粉和一毛钱的冰棍。后来再大一点儿我有了一个伟大的理想——吃一天的冰激凌。

这个愿望在很多年后才得以实现——六年级爸爸妈妈不在身边，六月天刚热，我就开始实践我的伟大计划，在吃了七个冰激凌之后，我的手脚通红，我的伟大计划以"感冒"告终。

读初三的时候，几个好朋友对吃都有着和我一样的热爱。那时候流行吃榴梿糖，下课后去了小卖部，买了一大包零食，顺便买了一大包榴梿糖。

后来老师一进教室就皱眉："你们吃什么？怎么这么臭？"

我们几个在底下对望一眼，偷偷地笑。

D.你好少年，再见少年

仿佛就是一夜之间，班上女生的荷尔蒙就像气球一样"嘭"的一声炸开，并且以肉眼能见的速度扩散着。

女生们经常聚在一起讨论"隔壁班×××昨天送×××回家了呢！"以及"昨天看到2班那个×××，真的很帅！"这种话题。

男生和女生之间的关系开始变得微妙，"红颜""男闺密"也变成了暧昧的词语。有时候闺密与男生说话之后回到位置上，同桌便会对我挤眉弄眼。那时候莫名其妙不知道原因，后来闺密经常和她一起打闹、开玩笑的男生在一起才恍然大悟，原来同桌的挤眉弄眼不是没根没据的啊。

直到现在，我承认算是"暗恋"的只有一个男生。是在初三的时候，对方比我小一个月，比我高，白白瘦瘦，清清爽爽。那时候天不怕地不怕，厚着脸皮追对方很久，结果可想而知，被发好人卡。现在因为学业分开，已经失去了联系。

在写这篇文之时正是高一，正在暗恋一个弹得一手好钢琴、吉他的少年，善解人意，不善表达。后来也无疾而终。

上了大学之后，讨论男生变得理直气壮，敢放上台面，再也不像以前，偷偷地进行。生活的变化太奇妙。

E.一直在坚守的梦

小时候到初中，一直能拿上台面、值得骄傲的优点是"作文写得好"，被老师夸奖、作文被当成范文拿去念、参加比赛。心里一直有疑问，别人夸我是因为"年纪小就能写成这样"，还是"×年纪就能写成这样"？看起来都差不多，但在我看来是不同的，因为年纪小就上学，不想自己的作文被人以年龄评判。

所以自己的脑中从未想过"投稿"这回事，就算写几篇同人文，也只是藏着掖着。直到2011年，才开始写一点儿稿子，满怀希望地装入信封，然后再投出去。刚开始的文章无比青涩，后来受闺密的影响，开始有了自己喜欢的风格，闺密也开始说"这篇好，投出去吧"。

写稿，投稿，投稿，写稿。

在很多个月之后收到过稿信息那天正是情人节，我趴在桌子上昏昏欲睡。看完编辑苗与姐发来的那几行字，揉揉眼睛再仔仔细细看了一遍才敢相信，睡意一下子就跑光了，虽然那篇文短得要命，我却像打了鸡血般兴奋。

后来一个朋友给我发信息，和我说她指着我的文和她同学炫耀的时候，心里就暖暖的。被人肯定，比很多事情都使人愉快。

再之后因为高考，短时间没有写文，有时候会被牵挂着，问我什么时候继续写文，我总是说"等等吧"。后来，做一直都想做的公众平台，带着一腔孤勇，反正我也还年轻，摔得再狠也不怕。

很久之前，有人问我，多少年后你还梦不梦疯不疯，还有没有当初的浪漫温柔？

既然未来无法预测，既然时光无法倒流，那就坚定地走下去，织好自己的梦。

所以请你保持着内心深处原有的那份天真。

别害怕，向前飞奔！

毕 业 时 刻

羽 沐

我已经很久没有打开word文档了,自从高考倒计时从三位数变成两位数的时候。同桌说高考就是个折磨人的小妖精,我们必须要放下手头的一切任务来专心应对它。

所以在这些时日,我专心致志地与它斗智斗勇,所幸当6月8号下午5点的钟声敲响时,它痛苦地灰飞烟灭,我们如同苦行僧一般的高中生活,也彻底结束了。

当天晚上,我们在这座城市的每一个角落游走,畅饮,狂欢,享受我们自出生以来最自由、最畅快的一个夜晚。我们的身体里流淌着最狂热的鲜血,像是挣脱束缚的幼兽,眼眸中隐藏着最痛快的欣喜。

我相信,再过五年,甚至是十年,我们也仍然会牢牢记得这个夜晚,我们像是被绑在十字架上的耶稣,经历三天痛苦的折磨以后以最肆意的姿态迎接新生。

所以我们像是过复活节一样,放浪形骸,吃饭,K歌,连平时最安静的女生都喝得满脸通红,倒在闺密怀里傻笑。在这个夜晚聚在一起的我们每一个人,都曾经历过去年的高考失利,也经历了这一个年头从身体到心理的双重压力,相互扶持着走完了复读的这条路,然后迎战高考。无论最终的高考分数是多少,我想我们这些人,都是勇士。

我们都在为勇士精神干杯。

我第二天早上是在闺密的床上醒来的。从五岁以后一直都是一个人睡的我，在早上第一缕阳光照进卧室的时候朦胧醒来，却发现眼前自己的枕边还有一张脸！那样的惊悚不是谁能承受得了的。幸好我没有遇事慌张就尖叫的习惯，不然起床气严重的闺密一定把我摁在床上分分钟把我踩躏到不成人形不可。

早餐是闺密的老妈做的，我们两个人都顶着宿醉以后有如千斤重的脑袋，草草地就着面包片喝了一杯牛奶，然后窝在沙发里一起发呆。

我们悲哀地意识到，这是我们从记事以来，第一次没有任何关于学习的压力可以随意玩，可问题在于，我们已经不会玩了。以前上学的时候在桌子底下偷偷玩手机看小说的担惊受怕再也不会有了，可曾经最向往的光明正大如今却突然索然无味。

以前在学校的时候，没有一天不是梦想着能够毕业摆脱上不完的课和做不完的习题，结果现在真的摆脱了，空下来大把大把的时间可供挥霍，我们却突然胆怯了，除了发呆以外找不到任何可以做的事情了。

闺密说，咱们俩是不是有受虐倾向啊？

没准儿。

而在接下来一个星期的时间里，我每天都会在6点左右惊醒，从床头把手机摸过来看时间，又匆匆忙忙起床穿衣，直到洗漱完毕彻底清醒了才意识到，哦，我毕业了，我再也不用去哪个每天早上都会一边刷牙一边咒骂的那个学校了。

可这骨子里涌上来的怅然若失又是什么鬼？我一定是有受虐倾向，一定是这样。

无事可做的我开始收拾自己这四年来的高中生活中用过的所有教材、笔记、参考书和练习题，分门别类地摆满了我的卧室。我坐在床上看着这些摆到我腰际的材料，突然很想哭。

我把这些书照下来发在了自己的朋友圈，好友们纷纷感叹原来不知不觉中我们竟然走过了这么多的路，看过了这么多的书。以前的学姐跟我开玩笑说，曾经有两个男人出现在你的高中生活里，一个温婉了你的岁月，一个惊艳了你的时光，他们一个叫薛金星，一个叫王后雄。

我翻了翻参考书那一摞，哑然失笑，果然薛金星的教材全解和王后雄的学案占据了半壁江山。

最后所有的书被我低价处理给了收废品的大爷，收入十五元。我肉疼了好几天，毕竟是曾经花了上千买回来的东西。

闺密安慰我说，没关系，你是花钱买知识，这十五块是附赠的额外价值，你赚了。

我也只能释然。这些书每一本都宣告着我曾经的青涩，每一本都印上过我的汗水或眼泪。

它们见证了我最美好的年华里最残酷的成长。

而今日，它们也终于离我远去，带着我曾经在它们身上所花费的青春一起，奔向我所不知道的世界。

所以我的青春，也在与我渐行渐远。

唯理想与爱不可辜负

最晴天

2013年12月10日 星期一

　　从来没想过班主任会找我谈话，他问我月考怎么退步了这么多，我吞吞吐吐不知怎么回答。他说他觉得我开学以来一直不在状态，我低着头在心底默认。

　　我们班是学校最好的课改班，实行的是淘汰制，生活在这样一个高手如云的班级里每天自卑心都在膨胀，天天担心自己什么时候会被踢出去，于是堕落也是难免的吧。

　　老师和我说了很多鼓励的话，以及严厉中带着温柔的要求。以前我和同桌总觉得老师对我们有偏见，现在才发现老师好像不像我们想的那样，他说的"你们都是课改的一分子，我谁也不会丢下"或许是真的。

　　更没想到的是今天班主任就重排了位置，年级第一坐在了我的后面。我明白老师的良苦用心，可是我以前欠下的知识太多，下课一埋头睡觉就听见耳边他们在讨论我听不懂的对勾函数传送带问题钠镁铁铜还有光合作用呼吸作用。

　　我还是很自卑，可我知道我不能再像以前一样自己放弃自己。我开始想要好好学习，因为所有老师说过的话。

今天小的问我手机修好了吗。我说修手机的人说要六百块钱，等存到六百块钱再修吧。然后他说我最近也没什么钱否则全给你了。

当时的我特别感动，我觉得我好像有那么一点儿喜欢他吧，否则我不会那么多次因他感动，因他快乐。

2014年1月26日 星期六

傍晚我到广场找修手机的店，回家的时候我在想会不会碰到小的，后来竟然真的碰到了。有时候觉得很奇怪，常常在心里幻想过无数次的偶遇，可是真正发生时我却不知道该怎么打招呼。

那时候他和一个女生走在一起，过马路的时候我似乎还隐约看到那个女生拉了拉他的衣服让他注意车子，觉得他们挺般配的，心里在想他们会不会在一起了。

嫂子说你吃醋啊，我摇摇头说我才没有，一点儿都不理直气壮反而显得心虚。第二天为了确认他们有没有在一起我还干了一件特别猥琐的事，我埋伏在昨天那里，看他们是不是还会一起走，看到他自己走过时突然很开心，说明他们不是男女朋友哈哈。

有时候我会想小的会不会喜欢我，有时候觉得他对我特别好，有时候又觉得他对我只是像对妹妹，有时候觉得他对我有点儿不同，有时候又觉得他对我普普通通。不知道他对我是什么感觉，有没有过偶然的感动或欢乐。至少我遇见他挺开心的，那么他呢。

我曾经试探性地问小的：如果你喜欢一个人，你是不是一定会告白？他说是，因为他不想错过。

这么算来他一定不喜欢我，否则他一定早就告诉我了。不过没关系啦，我们可以做程又青和李大仁啊，哪怕你是程又青，坚强独立自主，而我是李大仁，默默支持你帮助你喜欢你。记得最浪漫的一句话是，我把你当成了友情，然后排在了爱情的前面。我想我对小的也是这样吧。

临近分班，同桌和我说，如果有老师校长来劝你去文改，你就去吧，毕竟那是学校最好的资源，总比在理科班天天不努力好。

果然班主任来给我做思想工作问我要不要去文改，原本已经填了理科志愿的我开始动摇。我想了很久很久，最终打电话给老师说我还是想读理。

或许是因为我想起了小学时我的第一名，想起了初中时我在国旗下演讲，第一已经很久都不属于我了，我不能放弃不能逃避，我要努力把我的第一名抢回来。

2014年4月3日 星期三

我被分到了一个普通理科零班，当初课改的五十个人，二十个来了普通理零，十个去了文改，还有二十个留在了理改。老师因为舍不得我们向学校申请继续带我们班，于是原本就很忙的他坚持带着两个班。我们就这样再一次被班主任感动了。

前天是愚人节，嫂子叫我把握机会告白。可我并没有告白，因为小的就快有女朋友了，是他的一个小学同学，他在追她。我问小的要她的照片，短发妹子清清秀秀的，我把她的照片保存在手机上问嫂子她们她好不好看，她们说没我好看，我知道她们是为了安慰我，可我听了还是乐呵呵的。

突然想起了很多和小的的事，有次我掉了手机，哭得悲痛欲绝，他忍无可忍地说，不就是一部手机吗，等你过生日时候我送你一部！我惊讶地问，真的？生日的时候他果真送了我一部智能机，我接过的时候想说句谢谢一直不好意思说，他看着我笑了笑。那时候的他为了这部手机大概要存很久的钱吧。

后来他因为胃病住院，我和几个同学去看他，在病房里我们相对无言，就一直呵呵傻笑。

后来手机坏了，他帮我拿去修，还把他的手机借给我，再后来手机又坏了，本就不富裕的他却还想帮我修。那时候的他对我可真好啊。

于是我做了一个决定，他喜欢的我都要帮他努力争取实现，她也一样。我开始帮他出谋划策，也把他鼓励的信心满满。

2014年4月18日 星期四

或许是因为我以为小的很快就能抱得美人归了，我开始在新班级好好学习，每天专心写作业，改掉了用手机上网的坏习惯，可是小的却总时不时会给我发条短信问我在干吗。

我也常问他心仪的公主追到没啊，前段时间他却说他被拒绝了，他喜欢的那个女生和他说顺其自然。

我问他除了那个女生还有没有喜欢的人，他也问我除了以前喜欢的那个男生还有没有喜欢的人，我说好像有吧，他说他也是。我问他是谁，他不肯说，我也不敢告诉他。我们就这样一直猜，猜到凌晨十二点多，他突然说，我告诉你，我喜欢的就是你。我很惊讶很欣喜，他说你喜欢的也是我吧，我说嗯。

后来他突然问我，你觉得我们如果在一起会不会有很多坎。一向乐观主义的我说，一定会有的。如果我们努力了也不能在一起，那么我们就守护彼此尘埃落定的人生，至少那样没有遗憾。

也许是我说的这话打动了他，凌晨他突然说，我们在一起吧。简单的六个字，却让我欣喜若狂，然后我郑重地打下了，好，在一起。

2014年8月15日 星期四

期末考的作文是写"平"，也许是因为它照应了平凡的我和我平淡的高中生活，这篇作文我写得得心应手，以至于语文拿了全班第一名。可是一门欢喜几门忧，我的期末考成绩仍处于中游的九十八名，有同学说我努力，可我仍感觉路漫漫其修远兮。

小的的奶奶突然生病住院，小的决定去看望奶奶，于是放假那天我去火车站送他。

我送了他一个透明的玻璃瓶，里面装着五颜六色的星星，每颗星星里都写着一句话。记得这个瓶子是年初的时候买的，那时候我说如果在这瓶星星折满之前我能成为小的的女朋友，我就把星星送给他。后来果然心愿成真了。

临走之时他抱了我一下，只有短暂的几秒，我却许久没反应过来，这是我第一次和男生拥抱，至于当时是什么感觉，我只记得大脑一片空白。或许用一句矫情的话来说，初次拥抱时你脸上泛起的红晕，人们说那叫作爱情。

2015年1月26日 星期日

隔了大半年没写日记，现在已经是寒假了。老师要求我们补课，我们的教室天天像蒸桑拿一样窗户上是一层白雾。

今天下了今年的第一场雪，我给小的发短信，不用补课的他此时回了他的老家广西。有人说下雪时你第一个最想告诉的人对你而言一定是最特别的。我想起初二那年上数学课下起了鹅毛大雪，我拿出手机给一个北方的网友发短信。我想起初三那年的第一场雪，我们全班跑到雪地上乱蹦乱跳，老师给我们合影留念，似乎就是从初三开始我每年下雪时发的第一条短信都是给小的的。不知不觉我竟然暗恋了他这么久。

老师很鄙视地说没见过雪啊，然后滔滔不绝地上着课。临近下课，他突然说我希望你们的心中都有一个信念，你想考什么大学，就把它当成非要实现的目标，当你想聊天想看雪的时候它会警醒你，然后你才会马不停蹄地奔跑。

我想我的信念是北京吧，可是我最想考的大学是中山大学。如果一个人想北上，可是她喜欢的人想留在南方，那么她会怎么选择呢。我想大部分的人都会跟着喜欢的人一起奋斗实现理想吧。

2015年8月5日 星期二

上个学期期末考成绩是在发着高烧打着吊针时从群里看到的，年级二十，身边的老爸滔滔不绝地和我说了一大堆，其实我知道爸妈都对我给予了很高的期望，虽然我总是和妈妈吵架和爸爸顶嘴，可是看到爸爸每次淋得一身雨送我上学，妈妈每天早起为我做饭我还是很感动很感动。

为了奖励，我爸妈答应暑假让我去旅游，而我选择了偷偷和小的去青岛。从来没去过青岛的我却对青岛情有独钟，于是对家里瞒天过海和喜欢的男生漂洋过海坐了二十个小时的硬座来到了一千八百多公里外的青岛。

一路上我们矛盾很多，可是我们从不吵架只是沉默，更像暴风雨前的风平浪静。回家前一天我说我们去栈桥海边聊聊人生吧，他说好，可是我却躺在沙滩上不小心睡着了，一觉醒来，他说我们以后好好相处吧，我点点头说好。

临走的时候他送了我一瓶青岛啤酒，还叮嘱我别被我爸喝了，他说最后一年我们都好好努力，如果明年啤酒还在，我们就一起去旅游。

2015年8月24日 星期日

今天翻出了日记本，突然心血来潮把以前所有的日记都看了一遍。

日记从高一开始记到现在的高三，从我物理只能考四十五分的时候记到能考九十分的现在，从整天埋怨老师不重视的我记到早已明白"无论如何一个人自甘堕落都是不值得原谅"的现在的我，从自卑的我记到努力的我。时光漫漫，回忆却更加悠长。

突然发现，那时候装满我生活的大概就是日日思念的理想和不见天日的暗恋。有些时光当时觉得很难熬，现在只觉得很美好。

正如那句话说的，这世上，唯有爱与理想不可辜负。

跟有趣的人相处

有人问我，你最喜欢跟哪一类人相处？

看似简单的问题，非要给个形容词来当答案的话，好像有点儿难。于是我开始回忆，那些我欣赏的、乐于打交道的人，他们的身上有没有什么共同点。是优秀吗？好像不全是。是热情吗？好像也不太对。琢磨了一会儿，一个词在我脑海中蹦了出来，对，是"有趣"！

跟有趣的人相处

巫小诗

有人问我，你最喜欢跟哪一类人相处？

看似简单的问题，非要给个形容词来当答案的话，好像有点儿难。于是我开始回忆，那些我欣赏的、乐于打交道的人，他们的身上有没有什么共同点。是优秀吗？好像不全是。是热情吗？好像也不太对。琢磨了一会儿，一个词在我脑海中蹦了出来，对，是"有趣"！

感觉跟有趣的人相处，像是拥有一张永不过期的游乐园套票，靠近他们就会走进一场奇妙的旅程，时而浪漫，时而惊喜。

读大学的时候，我跟一位学妹的关系非常要好，她活脱脱像是一枚有趣的大龄儿童。

跟学妹逛商场，她喜欢买童装，此处不打引号，因为是真正的童装。学妹个子比较小，只有一米五几，去商场买童装是她的一大乐趣，许多品牌的童装，款式美，质量优，价格比成人服装便宜一半，最大尺码能有一米五，甚至一米六，这个尺码学妹穿着是刚好合适的，价廉物美、童趣爆棚又不容易撞衫，别提多棒了。

学妹学的新媒体专业，偏偏对古代文化感兴趣，周末的时候，会去博物馆当讲解员。我问她："是怎样的情怀让你甘愿当着义务劳动的文化传承者？"我以为她会说出多么感慨的话语，她却说："因为博物馆的工作餐非常好吃！"

一次讲解中，学妹因为讲得好，被某位慷慨的游客奖励了一百元小费，她不要，游客硬是塞给了她。事后她紧张地给我打电话："学姐，怎么办？"得知缘由后，我说："人家奖励你的，就收下呗，这是你正常劳动所得。"她却觉得收游客小费不对，最后她用这笔钱买了饮料，分享给了其他讲解员。

我问她："你不是说最近穷得揭不开锅了嘛，一百块为啥不自己留着？能吃好几天呢。"她说："我穷归穷，贿赂还是不应该收的。"那认真的表情哟，就像某位官员刚刚拒绝了一百万的贿赂似的。

学妹前不久保送了她喜欢的专业的研究生，真是替她高兴，耿直有趣如她，值得拥有一切的好。

我从来都不是一个多么热爱学习的学生，自然也很难热爱老师。

在台湾当交换生的时候，我却特别喜欢我的美学老师，五六十岁的年纪，一个儒雅又风趣的小老头，本来只是选他的课凑学分，谁知成了我的意外之喜。

他的课从不点到，但是到课率依旧很高。他说："如果你不喜欢上我的课，没有关系的，你可以跟我请假，用上课的时间去爬爬山，尼采的许多哲学理论，都是爬山爬出来的。"

他布置的作业一点儿也不枯燥，比如他布置过一个课题"发现美的采风"，让你图文并茂讲讲最近生活中的小确幸，美景也好，好人也罢，想啥写啥，跟美有关就行。

上他的课，会让人觉得，啊，原来上课可以这么有趣。他上课时的板书，像小人画似的，美学那么高深、抽象的东西，愣是被他讲得好玩又通俗。

老师不仅教学有趣，课堂中，他还会"一不留神"地蹦出一些金句，让人立马想记录到小本子上的那种：

"自我的孤岛，是他人的迷宫。"

"寂寞的人总会去打扰他人，孤独的人会好好享受自己。"

"历史是一种集体的惩罚。"

……

金句数不胜数，有意思的是，他又经常会忘记这些金句是他说的。我们都加了老师的face book，有时像迷妹一般发一条状态@他，附上他的金句。他回复一个问号表情："咦，我有说过这句？"哈哈，别提多可爱了。

跟有趣的人相处，像拥有一张永不过期的游乐园套票，他们也许不美貌、不富有、不八面玲珑，但是靠近他们，生活似乎就多了一抹色彩，明天也多了一丝未知的期待。

来一场男人之间的对决

木各格

认识大左之前，我一直觉得自己是个无药可救的糙汉纸；认识大左之后，我才意识到这姑娘才是真正担得起"性别女，性格男"六字的存在。

遇见大左是在杭州一家青旅的前台，说来也巧，我俩差不多同一时间做登记，然而有独立卫生间的房间就剩一个床位了，我俩又都想住，那么问题就来了，给谁？

前台的姐姐有些不好意思地翻看着预订资料，顺便接了那个坚持不懈响了很久的电话。趁着这空当，我看了眼大左身后那一大包装备，随口问了句："最近杭州有什么活动吗？你们来比赛还要自己找住处？"

于是大左用一种看识货人的眼神盯着我，在我快觉得毛骨悚然的时候终于甩出个回答："比赛完了我顺便出来玩。"

好吧，这姑娘也真不怕折腾，带着这么一大包击剑用具出来耍，就不嫌累得慌哟？

我礼貌性地点点头，然后……冷场了。

"你会？"过了一会儿大左突然转头问道。

"学过一段时间佩剑，略懂。"其实就是个玩票的半吊子，三分钟热度过去之后我的装备就基本束之高阁了。说到这里，忍不住要吐槽下当年各种坑蒙拐骗把我忽悠去学击剑然后自己却半路跑去学剑道的某易，白花花的银子啊喂！

然后我就看到大左转身蹲下哗啦一声拉开大包，从里面拿出两把剑以及手套、防刺背心、保护衣等装备，将其中一部分递给我："那就来一场男人之间的对决吧，谁赢了谁住。反正我看那姐姐也没办法，一直在忙别的事情，就指望我们俩谁能先礼让好帮她把这事儿解决了。"

于是前台姐姐的面色明显一怔，显然是被"真相"了。

我不由得多看了大左一眼，毕竟自己经常用的台词有一天居然从另一个妹纸嘴里说出来，怎么想都觉得有点儿小兴奋啊。于是我毫不犹豫地答应了，虽然心里很清楚就我那水平比赛之后注定是要去挤公共卫浴的。

然后大左不知从哪整出根粉笔，直接在青旅的庭院里画出个长度由于场地限制并不达标的剑道。准备得差不多后我俩就上场了，顺带着还吸引了几个看热闹的旅客。

接着猜拳定攻守，先打满五剑者为胜。

我是个打不了比赛的人，平时玩玩还行，一上比赛就特别紧张，整个人反应都慢半拍了，而大左完全不同，整个就一热血中二少年的节奏啊，面罩一戴就跟打了鸡血似的各种狂放不羁没脸没皮（什么鬼啊喂？！），进攻猛烈，充分利用了自己弓步深的优点（一个妹纸能弓步做到这份上真的可以分分钟秒杀无数姑娘啊！），只用了简单的防反和击剑线等就在不到两分钟的时间内以5—0将我华！丽！丽！的！虐！惨！了！

于是我默默搬进了没有独立卫浴的房间。

但是，作为一个糙汉纸，怎么可以如此轻易服输？！于是，在接下来的几天里，每到傍晚时分青旅的庭院内都要上演几场属于"男人"间的较量，而结果不外乎是我单方面被各种碾压，最好的成绩也不过是偶尔靠着战术出其不意来个1：5。好吧，对于一个半吊子来说，这个真的是可以深以为傲的极限了（出息呢？！）。

比赛的次数多了，跟大左也算是不"打"不相识，以至于各回各家之后依然保持着联系，然后那货就会时不时地问我一句："阿败，你今天耍剑（贱）了吗？"

十三岁离家出走

小妖寂寂

在我十三岁之前,我一直以为他们不爱我。后来我终于明白,习惯了重男轻女式教育的他们,只是不懂得如何去爱。尽管如此,从我离家出走未遂开始,他们也努力地尝试着爱我。

这是属于我十三岁那年夏季的一天。

邻居大姐姐带着四岁的娃娃来串门,结果孩子不注意撞到了桌角上,哭得厉害。于是我用家里橱柜摆放着的一块西瓜哄好了他。

我不知道这是我弟弟特地留着还不舍得吃的,下午从外面玩耍回来,发现西瓜不见了的他,开始闷闷不乐地对我闹情绪。妈妈自然也在一旁帮腔,一个劲地就说是我不对。我本来应该默默地忍受,然后让时间去抚平这些的,但是那天我的反抗精神不知从何生起,我先从橱柜里摸出一只瓷碗,再用力地狠狠地把它砸到了地板上。

我的行为彻底地惹怒了妈妈,她抓起一根棍子就往我身上敲来。疼,是真的疼,为避免棍子更多地落到身上,后来我顺势躺到地上。

但是气红了眼睛的妈妈丝毫没有要停下来的意思,她用一只手试图把我从地上拉起来,我只穿着薄薄的短衫短裤,感觉全身上下没有一处不是火辣辣的痛,我的眼泪像黄河水一样奔腾流出来。

最后我使出了我所有的力气,才得以从妈妈的无影棍下挣脱开,然后夺门而出。

背离着家的方向，我在大路上狂奔，我没有办法思考了，我只知道我想逃。我的脑海里不断地回响着一句话：她不爱我她不爱我她不爱我她不爱我……

等我终于跑累了停下来，我才想起我从来都没单独离开过镇子，望着一直向远方蜿蜒的看不到尽头的路，我胆怯了，我转身开始往回走。我没有地方可去，但又不能回家，最后我决定到外婆家去。好不容易又走了半个小时，来到了外婆家，舅妈却告诉我外婆出去走亲戚还没回来，家里的表兄弟姐妹也都跟着去了。想到最疼我的外婆不在家，我满腹的委屈无从诉说，已经停了的眼泪又开始不住地滑落下来。

舅妈一见我这个架势，才开始慌了，赶紧拉着我追问是不是家里出了什么事情。我摇摇头，只说是想外婆了。粗心的舅妈安慰了我几句，然后就忙活去了。

我又从外婆家跑出来。太阳下山了，天色逐渐暗下来，我游荡在没有人的路上，心里有一点儿害怕。我摸着手臂上那些红红的棍痕和倒在地上时造成的擦伤，心里的愤怒和悲伤又掩盖了那些恐惧感，我愤愤地想着我再也不要回家。我以为我一定会坚持下去的，然而随着那暮色越来越浓重，我发现我的脚步早已不知不觉地往着回家的方向移动了好久。

天完全黑下来的时候，我已经回到村子里头。我甚至远远地看到自己家里的灯光，我隐约听见有人在喊我的名字，我猜想他们在找我了，但是我依然没有回家。我找了处地方躲起来。我不要被她找到，我要让她后悔去。我一边想着一边就睡着了。

等我醒过来，我发现我竟然趴在妈妈的背上，她的双手紧紧地环在背后箍着我，任我如何使劲都挣脱不了。就这样，我被她背回了家。

我低着头忐忑地站在客厅里。我闯祸了，我等着大人们的怒气爆发，可是好一会儿都没有动静。没有人骂我，也没有棍子挥来。我迟疑着抬起头，才发现在一屋子人的脸上都挂满了泪水。那一刻我内心百味交集，我冲回到自己的房间并关上了门。

我在房里痛快地哭着的时候，有一张纸条从房门底下的缝隙塞进来，我捡起来一看，上面是我八岁弟弟写得歪扭的字迹：

姐姐，妈妈找了你很久很久，对不起，我们爱你。

你不喜欢我没关系，反正我又不喜欢你

画　眠

早上刚醒过来，就收到了好几条别人给我的截图信息。QQ上有一个叫作"小秘密"的匿名发表言论功能，有人在上面连发了好几条骂我的话，句句言辞污秽，不堪入目。我随手回复了三个字，"不管它"。但随着给我截图的人越来越多，我忍不住让朋友在下面留言说，干吗不当面去骂她呢？没想到那位匿名的朋友回复说，当面骂她我怕拿不到毕业证。

看到这句话后，我握着手机在床上笑得滚来滚去。

没想到我这个一到期末就担心自己会不会挂科重修的普通学生，在别人眼里的权力已大到了可以决定他们能不能毕业。

一个学妹问我说："学姐，你都不生气的吗？"我忍俊不禁，然后跟她说："嗯……距离我上一次这样被别人匿名骂，大概还没有隔一个月吧。"

这样说起来，我好像从小就自带招黑体质。第一次被黑是小学五年级，班里的一个女生突然到处传我特别臭美，天天在家里偷用妈妈的化妆品化妆。这个传言致使我被孤立了好长一段时间。然而事实是，我家窗外只有一条河，别说有人路过了，就算是在河里划船都看不到屋内的人在做些什么。

第二次，是在初中一年级的时候。有一天放学回家，打开电脑上了学校的贴吧，突然发现上面出现了我的名字。惊讶之余，我却发现帖子的内容并不是那么友好。第一楼就是"三班的×××虽然成绩好，但那又怎样，长得那么丑"。接下来的楼层几乎全是附和，对我的评价从头发，到五官，甚至连脸上的几颗小雀斑都被嫌弃了个遍。对于一个十二岁的女孩子，突然看到这么多人在网上骂自己丑，是一种什么感觉呢？我记得那一天，我在家犹豫了好久才鼓起勇气去上学。走在外面，觉得所有人都在看着我、嘲笑我，周围的同学都在对我指指点点，我不想抬头，甚至想用口罩把脸遮起来。后来一直到高中，我都觉得自己长得好难看，不敢自拍，出去旅游也只敢拍风景。

　　上了大学后，我被污蔑的次数越来越频繁。但后来我发现，这些背后骂我的人，都有一个共同点——全部都是匿名。我这么"招人厌"，却几乎没有碰到过那种当面指着鼻子骂我的人。一开始，其实我会难过，毕竟谁不想在别人那里落得个好名声呢？后来次数多了，便不予理会。因为我发现，有些人讨厌我的理由仅仅是因为我和她讨厌的女生搭了几句话，或者仅仅是因为我没有及时回复他的消息，更有甚者，因为我对他的帮忙请求没有答应，便到处跟别人说不知道我天天在神气些什么。

　　但我更想看到的，是我身边真心喜欢我的人——有那种第二天考试，头一天晚上陪我在外面通宵过生日的朋友；有那种听到我失恋，连夜打车从另外一个城市过来找我的朋友；还有那种不管什么时候一个电话就能叫出来陪自己散心的朋友……我身边有那么多对我好、喜欢我的人，何必要去为那些无关紧要的人费心劳神呢？屏蔽掉那些熙熙攘攘的声音，只需要看得见喜欢自己的人。那些看不惯我的人呀，讨厌我的人那么多，你能排到第几个？

　　是呀，你不喜欢我，那又怎样，反正，我又不喜欢你。

我在哈尔滨找到一间自习室

街 猫

第一次住青旅，位置特别好，热水特别少。

好在这个冷得我鼻子发痛的鬼地方完全不介意洗不洗澡这种破事儿。每一天都有人拉着箱子从这里离开，每一天都有人拉着箱子按门铃走进来。来自全国各地的陌生面孔，一起聊天，打牌，吃饭，昨晚还聊得热火朝天笑成一团，一觉醒来再也见不到。也无从想念。

青旅我最喜欢的部分是大厅，墙上挂满了明信片。有一个书架，三个鞋架。Wi-Fi 和密码都写在墙上。有四张长木桌，两张两张拼在一起。每一天晚上从外面回来，我就待在客厅里。有时候安静，我翻开书来学英语；有时候热闹，抱着一杯热水时间过得飞快。

我待的第二个晚上，来了一个很会来事儿的广东女生。嗓门有点儿粗，让客厅一下子动了起来。一聊才发现，客厅有四个是来自广东的。

戴围巾的那个男生，在东北读大学。下一站是西安。

独自坐一张桌子的长发女生在玩iPad，她刚从北京辞职。喜欢坐火车，更喜欢火车票，收集在钱包里。但她的钱包在哈尔滨丢了。

而刚从深圳飞过来的这个女生，就坐在我的对面。

她一说，我这种乡下人——

我马上接，我这种城市人——

她说，我们乡下人说话都直接粗糙。

我说，我们城市人就很婉转动听。

我有个毛病，一开始一个梗就玩得停不下来。

我抱着一本书，一个男生说你出来玩还看书啊。

我一脸正经，城市人都很爱学习的。

老有人问我怎么穿得这么少。

我说，你不知道吗，城市人规定是不能穿秋裤的。

女生不服气地说，你别得意，我也是去过大城市的好不好。

我都要快受不了我自己了，还要在笑得喘不过气的空隙中说，我跟你说哦，我们城市人眼里是看不到其他城市人的。

都被我气笑了。

和围巾男生约好出去吃寿司，我说六点半出发吧。

他知道我的学校后，说我有个朋友也在那个学校读书。我说是嘛。

她很有名的，你还可能认识……

我不认识。

她在贴吧上有篇帖子……

我不逛贴吧。

很好。一个话题就被你掐灭了。

说实话，我在聊天的时候最喜欢思考的问题就是怎么把这个天聊死。

很开朗的一个男生，什么都爱分享。路过一个公园问我们知道萧红嘛，我呛他，当我们都是文盲哦？他说这就是萧红小时候经常玩耍的公园。我控制了自己一下，把溜到嘴边的"谁关心她在哪里玩啊"急刹车改成了"是嘛"。介绍我们来东北一定要吃锅包肉，告诉我们如果在大街上的巷子里看到有人方便，别害怕，不是流氓。

我一次次把天聊死，他一次次另起炉灶。终于聊到日剧我没话说了，因为我不看日剧。于是他和雪里青聊，把他喜欢的日剧都介绍了一遍。果然没有我参与的聊天都进行得好和谐啊。

谁知道呢，人与人之间真的有一些曼妙的联结。

第二天醒来，火车票女生已经离开了哈尔滨，深圳女生和她的同伴去了雪乡徒步。连寿司男生也收拾好了箱子准备离开，看到我以同样的姿势蹲桌子上记单词，他说："你根本就不是出来玩的，你就是换了个远一点儿的自习室而已。"

但我觉得这个自习室好玩啊，这不就够了吗。

前几年很流行说走就走的旅行，似乎旅行能解决你生活中的一切毛病。似乎每个文青的梦想都是环游世界，我要不是晕车晕得厉害也会这么想。

我很高兴这个潮流终于过去了。

对我来说，旅行就是在远方找一个自习室。

我需要一个自习室，当然我身边也有自习室。我知道最近的路，哪个位置最舒服，何时开门何时熄灯。我早已是这个自习室的老油条，可以在角落里的沙发上毫无廉耻地睡觉。当我在一座冰天雪地的陌生城市里寻找厕所，问路，没有热水洗澡，客厅里的自习时光才显得温馨而浪漫。

陪，就是爱

无泪孙倩

姐姐春节回来的时候，给老妈带了一部手机。我很高兴她能学着用智能手机，学着去用任何现代科技的衍生品。

很多时候，我对我妈的印象还停留在小时候，那时她是能单独把一张沉重无比的双人木头大床从一个房间搬到另一个房间的女超人。第一次意识到我对她的印象有问题，是她跟我爸送我去机场的时候，我先进了地铁入口，她却被卡在地铁入口外面急得团团转，直到我伸手过去夺过她手里的地铁票，摁到打卡的那个小圆圈上。隔着地铁的金属手臂，我突然觉得鼻子有点儿酸。

放假回家的时候在家待了不足二十天，掐掉看朋友的几天，剩下的时间都在忙着做作业。走的前一天晚上想看新闻，隔着客厅喊我妈开电视，她拿着两个遥控器看了半天，走过来把遥控器递给我，说她不会开。

这个电视是我初中毕业时买的，就俩遥控器。一个开电视电源，一个开机顶盒。其实我妈并不是彻底的现代科技盲，她会用电脑会用微信会玩QQ，还会杀毒。但她不可能记得所有邮箱的密码，听说有人用网银被盗卡，就几乎不注册任何账户。可能因为我常常忘记我正处在这个花一样的年纪，也总觉得我妈不可能这么轻易地被时代甩下。被时代甩下是一件非常可怕的事——它会剥夺一个人的自由，甚至尊严，留下深深的无力感。

所以每次我妈说"我不懂"进而拒绝尝试现代科技的时候,我都有种恨铁不成钢的心情。我不希望她像被时代甩下的人那样,什么都做不了,对什么都心生恐惧。所以这次她换智能手机,我特别高兴。

我俩教学交流模式一贯都是大声吼着吵架,就算以和风细雨的开始,也必定是以暴风骤雨结束。好在我俩都习惯了这种暴力的交流模式,暴风雨过后,自知理亏的那个会默默妥协,比如买个礼物,比如做饭洗碗。

终于我妈学会了怎样开启锁屏,怎样打电话,怎样打字,以及对我妈而言最重要的一条,怎样用支付宝结账。

教到发短信的时候我妈怒了,摔门而去,说:"我宁可用回我的诺基亚。"

我怒气冲冲地回房写我的小说,追美剧。两分钟后收到一条短信:"我在听歌……呵呵。"

我欣慰地笑了,就像当年她看到我拿着满分的考卷向她飞奔过来那样。

很多人以为爱父母,就是给她们最好的一切。这是不正确的。

其实陪,就是爱。

陪他按遥控器,陪她发短信,陪她上网,陪她跟上这世界。

你的昼夜厨房与爱

海豚同学

妈妈们普遍讨厌快餐,这是通例。当我想跟我妈证明我在实习期间伙食还不错时说,我可以吃全家的便当加豆奶啊。隔着电话我都感受到她的脸一阴,快餐有什么好吃的?

但我妈不是厨神,我还记得我小学一年级她刚学做饭时每天放学回家看到厨房里一片狼藉桌子上拼着几个菜时我妈不好意思地看着我的样子;炸鸡刚刚风靡的时候她在厨房鼓捣失败我不愿意吃的样子;还有如童年阴影般的每天早上被逼着吃完的水煮蛋,这样的例子太多了。

但有个阶段我妈做饭的手艺忽然好起来,老房子里的厨房小,大概只能够两个人容身,我妈和我爹周末就开始了厨艺竞赛。小学的每个周末,我起床洗漱时他们俩已经去菜市场买食材了,等我上完素描班回来,厨房里还是噼里啪啦热火朝天的景象,我只需要拆开一袋零食坐在电视机前看着《还珠格格》或者《铁齿铜牙纪晓岚》然后听着我妈喊,哎呀你又只晓得吃零食,正餐还吃不吃啦?然后一颠一颠地去厨房烫碗筷。吃着我妈做的糖醋排骨的时候还可以跟我爹勾肩搭背,"老王,你多学学人家。"我妈被夸得喜不自胜,之前吃零食的事也一笔勾销。

后来我妈工作忙,家里请了阿姨帮忙烧饭,再后来,高中离外婆家近,也在外婆家吃了三年。只有在逢年过节的时候我妈才会露一手,美其名曰给外婆打下手。但红烧肉烧豆干这类浓油赤酱的菜只有我妈做得才好吃，如何把红烧肉的肉烧得入味，如何上糖色，何时加豆干，如何让豆干烧得软硬刚好。这大概是妈妈的秘密。

我妈厨艺的第二次突飞猛进是在我上大学之后，在广州待得久了口味也变得清淡了许多，且极其嗜甜。第一年暑假回家蔫蔫地提不起胃口，去扬州玩了一趟迷上了那里的桂花年糕和蜜汁藕，随口跟我妈提了一句，没几天，这两道菜就出现在餐桌上。明明都是实验品，我妈的自信却比十几年前做炸鸡时高上好几倍。家乡菜重油重盐，我妈跟我去广州吃了口味完全不同的几餐也能大度地接受这在其他人看来无油无盐的清淡口味，还能安慰尚不适应的我要接受新事物。

万青歌里唱，是谁来自山川湖海，却囿于昼夜厨房和爱。

我不太能理解十指不沾阳春水的妈妈，但是我相信所有的妈妈在变成妈妈之前一定也是家里被娇惯的女儿。

要在高中的时候问我妈妈的味道是什么，我肯定能写出一堆辞藻华丽的排比句分分钟催人泪下。但事实上，我吃过了大江南北之后很难再每天都怀念妈妈的味道，只在某一个瞬间，比如看见某篇清粥小菜的推文时，会想起每个小学的傍晚，一叠雪里蕻炒肉丝白粥配菜包，比如现在，我坐在回家的动车上，妈妈给我说晚餐的菜单时，我只想抛开减肥念头，回去再吃一吃那些重油重鲜浓油赤酱的菜，然后夸一夸我妈，欸？老妈，你手艺进步了啊。

长不大的美少女

蒋一初

晚上看完电影后,我吃了一碗小馄饨,加醋加辣,这是我三个月来第一次吃晚饭,还是在八点以后。仁仁说,你去吃吧,我陪你。

我跟仁仁刚看完《阳光小美女》,把片尾曲听完了才走,我听到仁仁抽泣的声音。这部电影的画面很美,很多地方很温暖很滑稽,电影院里大家都在笑,但我跟仁仁在电影后半段哭得不能自已。电影中的桥段生生地戳进了我们的心里,那偏偏就是我们经历过的事情。

这些天我的心情一直很差,面临专业方向的选择、考试与课程的冲突,自己一直很浮躁,一本书看一天都看不完。

看完电影哭过以后好像所有的不愉快都排出来了,我看着满街的霓虹对仁仁说,我最近心情好差。仁仁说,我看出来了。

看出来但不问,懂得但不点破,这是仁仁很让我欣赏的一点。

军训的时候我总和仁仁在一起。吃过晚饭后训练的时候,我给她唱三俗歌曲,她一边嫌弃我一边说再换一首。休息的时候,我们坐在香樟树下,暖橙色的路灯上有好多虫子,仁仁给我涂花露水,用我的水杯接水喝。

军训后仁仁去染了白色头发,把头发剪得很短,穿很朋克的衣服,好像在一瞬间就融入了新的生活。而我还战战兢兢的,我不再跟仁仁那么亲近了。那时候我觉得仁仁并不是个柔和的人,她的刻意融入让我觉得格外生硬，好像她的棱角会划破我的肌肤。

我和仁仁再一次近距离接触是在几个月之后了。仁仁请了很久的假，回家看病。我知道她在减肥，刚开始的那段时间总是最痛苦的，她的节食和断食弄坏了肠胃。仁仁回来后上的第一堂课是外国文学，我一个人坐在靠窗的位子，仁仁径直朝我走过来，然后坐在了我的身边。

"你回来了啊？"

"嗯，你减肥减得怎么样了？"

"还在继续。"

"我也是。"

我从这学期开始减肥，和仁仁一样。上了大学后，我逐渐明白"漂亮"对一个女孩子而言有多重要，我下定决心减肥，到现在已经三个多月了。我决定了做一件事就一定会做，闷着做，不向别人吐露心思。当我减肥成功以后，我惊喜地发现仁仁和我一起褪去了原本厚重的脂肪，可爱极了。

从那堂课开始，我跟仁仁交往频繁。我们一起走上海精致优雅的街道，一起吃限量豚王拉面，一起看戏、看电影。我们可以因为一份薯条的热量走一天路，也可以因为一份拉面很早就去排队，跟仁仁在一起的时光总是活泼的。

儿童节那天，仁仁写了一张明信片给我——

今天是儿童节，我们都是长不大的美少女，当然要过节啦！自从认识你以后，越来越发现我俩很像了，希望我们以后能有越来越多的美好小时光……

大学时光还很长，我们还有很久可以去走走上海迷人的小街道，一起吃小饼干、小薯条、小奶茶等等众多美食！爱你，宝宝。

仁仁是个喜欢撒娇的女孩儿，她把喜欢的东西前面都加了"小"字，她像《阳光小美女》里面的小姑娘，阳光、积极，很让人喜欢。

吃完小馄饨，我们往学校走。仁仁说，我觉得你拿伞的样子很像小美食家，因为所有的美食都匍匐在你的脚下。我扑哧笑了，她总是想方设法地夸我。

叮——

电梯开了，我跨出电梯。

"晚安小美女。"

仁仁笑着对我说。

凉风蓝海和沙丘

微 茫

作为在内陆生长的伪文艺女青年，我从小就有强烈的欲望想去看海。

而我第一次看到海是在今年三月初。我在厦门旅居，某天一个人坐上了前往鼓浪屿的船。

那天天气很冷，咸湿的海风把我围在脖子上的大红色围巾吹得猎猎作响，船往后倒退，螺旋桨把海水划开一圈圈的波浪，驶到最中心，我真的看到了蔚蓝色的海洋，大片的，一望无际。

出乎意料，那一刻我看着形形色色的游客，低伏而过的海鸥，心情却很平静。

总的来说，那一段时间我过得很糟糕。

亲密的朋友还在上学，喜欢的男生隔在异地，得到的一点儿稿费也全部贡献给了医院。说实话，几乎没人相信在我这么好的年纪身体会差成那个鬼样子。

事实上我自己也不知道是从什么时候开始的，头发大把地掉，视力衰退，三天吃药五天打针，去医院成了常态。明知不能根治还是怀抱一点儿希望，身边的亲人朋友都带着同情的目光安慰或劝解，心理上带来的压力远远比身体上要来得剧烈。

我清楚地记得，那天我站在医院的大厅里，手里拎着一大袋药，看着外面倾盆大雨，鼻尖全是各种药水的味道，有一刻，我知道自己不行了。

我用身上仅有的一枚硬币坐公交去了车站，用支付宝买了一张去厦门的动车票。

抵达时太阳很大，我看见自己的影子倒映在柏油马路上，步履飞快，如同流浪的旅人。

好友打来电话时是三天之后，我正走在鼓浪屿的沙滩上，踩着细细软软的沙子，与无数旅人擦肩而过，她在电话里大叫："就这样走啦！"

我没回答，抬头就是辽阔无垠的海洋，心里大片的空洞。

我想起从前看过一部电影，女主住在海边，男主问她每天都能看到海，会不会有一种很广阔的感觉。女生摇摇头否定：就是因为住在海边，每天都能看见海，才会有一种无路可走的感觉。

无路可走的感觉。

总会有人和我说感觉你很有故事。屁嘞，我退学、写小说、偷跑出来，任何一样放在别人眼里都是不务正业，小小年纪不学好。

"可是你很有勇气呀。退学、写小说、偷跑出来，对于墨守成规的世界，哪样不需要勇气。"

我没有应答，我并没有将自己的疾病和苦难告知给每一个人的习惯。我也总不能说，我是因为生病了才退学，才把兴趣变成工作，才到处疯跑，因为害怕也许哪一天自己就无路可走，撑不下去了。

离岛的时候我靠在轮船的栏杆上，冷风吹得人神思清醒。身边是个高高瘦瘦的男生，脖子上挂着单反，见我盯着他瞧，他看了看我身后，笑起来说："小姑娘，你往后站站，我帮你拍一张照片吧。"

就在昨天，我收到了我和海的合照。照片上的女孩子有些局促，风把头发吹得张牙舞爪，抿着嘴笑，眼里和身后的蓝色海洋一样深沉，大红色的围巾是唯一的亮色。

我把那张照片反反复复地看，这是第一次有人这么郑重地对待我。

我在阳光下看着照片里那片安静的海洋，突然感受到了豁达。

很想再去一次。最近天气好起来了，想去挖沙子，捉螃蟹，踩着海浪拍照，迎着风哼歌。

像被打通任督二脉似的，不想再那么阴郁下去了。

我不该那么阴郁的。

我联系那个男生，告诉他我收到了照片。

"收到照片有没有开心点？"

"我觉得我被治愈了。"

不过是努力前行，为何要说利欲熏心

亚小诗

偶遇一位关系不错的学妹，平日里她都会老远就甜甜地跟我打招呼，但这一次没有。她的眼神甚至有点儿躲避我。走近了才发现，学妹哭了，原本精致的妆容，此时像是白纸上打翻的颜料。

问她怎么了，她支支吾吾说没事，然后踩着不适合她年纪的高跟鞋，拎着几包看似衣物的袋子消失在我的视野。

当天晚上，还是想着这件事不对劲，于是发消息问她发生了什么事，需不需要帮忙。

我平日里很喜欢这位学妹，她学的是播音主持专业，漂亮开朗又有礼貌。我们因在网络电台朗诵一篇我的文章而相识，然后渐渐发展成线下好友。

其实学妹的电台并没有多少听众，但她每一次的认真劲头啊，仿佛声波的对面有上万只耳朵在等待，她是我眼中那种有天赋还很上进的女孩儿。

心情平复一点儿的她，向我娓娓道来她的经历。

学妹从大二开始接一些外面的主持活动，商场店庆、公司年会、车展和婚礼她都主持过，她不觉得学生用课余时间出去挣点儿钱有什么错，相反，一次次的锻炼，让原本不那么开朗自信的她变得大胆起来，突发情况也能应付自如。总之，商业主持对她而言是一举两得的事情。

学妹周围像她一样忙于"接活儿"的同学并不是很多，大部分同学家境殷实，认为"没必要去受那份苦"。活动主持的时间多集中在周末，而周末又是小姐妹们吃饭逛街的主要时段，因此，学妹不得不错过了一些聚会，她也渐渐成为同学眼中的异类，那个"想赚钱想疯了"的异类。

其实学妹的家境也并不困顿，她只是觉得既然自己可以靠不反感的劳动换来报酬，替父母分担一些又有何不可呢？

她清楚地记得自己第一次挣到主持费时的激动，去专柜选了两支很喜欢的口红，自己一支，孝敬妈妈一支，即便那支口红因为颜色太艳妈妈很少用，但随口红一起送的手写便签，妈妈现在还夹在本子里珍藏着。那张便签写的是："老妈，等着我养你吧！"

她清楚地记得自己第一次用劳动报酬来抵制歧视时的痛快。一次，有个找她帮过忙的研究生学长请吃饭，学长面相猥琐、言语暧昧，说自己在跟导师做很牛的项目，又说女生不用读太多书，也不用太辛苦去工作，尤其像你这种长得漂亮的，嫁个会赚钱的男人可以少奋斗十几年，甚至直接问学妹，听说你们这种专业，有很多女生被人包养啊？

学妹没怎么回话，去洗手间的时候，默默在前台把账结了。吃完饭男生叫服务员买单时，她说，我已经付过了，这顿我请，毕竟你们研究生一个月的津贴还不够我一场主持的钱。学长当时的表情，真是一个大写的尴尬呢。

今天，学妹是去主持了一场很久之前就应允了的开业活动，时间在周六下午，本不会耽误上课。可是就在前一天晚上，老师突然通知下周二的课因为自己有事而改到这周六的下午，刚好跟学妹的主持活动冲突。

学妹跟主办方早已沟通过多次台本，现场彩排也完整走过，她无法推掉这场主持，更无法替换别人，迫不得已只能选择翘课去主持。

她在现场主持的时候，同学们在教室上课，小班专业课，老师一眼就发现她没来，问去哪里了，底下有同学应答："老师，她赚钱去啦！"

老师很生气，说这哪是学生该有的样子，甚至让同学转告她"下次再因为商业主持缺席，这门课就算她不及格"。

等学妹结束了主持，在大冬天穿着无袖裙装礼服瑟瑟发抖地走到后台，披上羽绒服拿起手机时，她看到同学发来的微信："让你不要为几个钱那么拼命吧，这下好了，老师很生气，说要挂掉你。"

在那个瞬间，她的眼泪就不受控制地流了下来，她觉得好冷，披着长羽绒服的自己，比刚才站在台上的时候还要冷。这种寒冷，不是来自老师的生气，而是，来自周围人的不理解。

听完学妹的讲述，我突然好心疼她，我心疼一个女孩子的埋头努力，在他人看来是那么利欲熏心的事情。何止学妹，有多少人被这样非议着：

"他学习那么刻苦，不就是为了保研嘛！"

"他卖命写啊，画啊，唱啊，不就是为了红嘛！"

"她每天打扮得那么美，不就是为了勾引异性嘛！"

……

总有那么多自以为看透了一切的人，把人的付出当成案板上的猪肉，按斤算价，少一分回报都是吃亏。

可是你知道吗？这世界才没有你想得那么利欲熏心。有一种付出叫"热爱"，有一种快乐叫"我乐意"。

我们没有在一起

　　每一个小女生都会有一个学长情结，大概……
　　第一次遇见你，是夜修后我去办公室翻看部门文件的时候，你和一个穿着校服的男生走了进来。那天你穿着红色的T恤，尽管夜色浓重，灯光暗淡，可是你看上去却很是阳光。你笑着和我聊了几句，为了说话的时候注意语气，我问你是学长还是同学，你却在走出门口前回头抛给我一句"你猜"，留我一人在昏暗的灯光下暗自惆怅。

我们没有在一起

醉可一

你好，请问你是学长吗

不知道是否每一个小女生都会有一个学长情结，大概很多人有吧，不然当年那部《初恋这件小事》也不至于受到各路小女生的追捧。

第一次遇见你，是夜修后我去办公室翻看部门文件的时候，你和一个穿着校服的男生走了进来。那天你穿着红色的T恤，尽管夜色浓重，灯光暗淡，可是你看上去却很是阳光。你笑着和我聊了几句，为了说话的时候注意语气，我问你是学长还是同学，你却在走出门口前回头抛给我一句"你猜"，留我一人在昏暗的灯光下暗自惆怅。

确认你的身份是在几天后的早晨，做完早操后我正准备去食堂吃早餐，在一堆散去的人群里认出了你。你穿着学校的冬服，秋天还没过去，学校还没有给我们高一生发冬天的校服，所以那时候穿着冬服的就一定是学长学姐。高一的小女生脸皮还很薄，我不敢上前去告诉你我猜到了，一路跟到食堂，前后隔着几个陌生人，亦步亦趋，内心一阵小鹿乱撞。

阳光变成淡粉色

有人说，一段感情最美好的阶段就是暗恋期，而暗恋最迷人的地方就是没有说出口。

我并不是小水，没有戴牙套，也没有那么黑。你也不是阿亮学长，外表和成绩都那样无人能及，你只是有张我所认为好看的脸和神秘的气息。但暗恋一个人的心情，却是雷同的。暗恋上一个人，满心思地被吸引。那时候的你已经退了部门，所以接近你的机会很有限。偶尔遇到你跟几个学长一起，你总是微微笑着不说话，不知是腼腆还是高冷。我也不敢跟你说话，只好跟你旁边的学长多说两句，或许你就会注意到我了吧。

小女生的心思，总不会只有我一个人这样。女生们聚在一起，总是少不了讨论男生的话题。在旁人谈论你的时候我总是表现得一潭死水，实际上内心早已翻腾不已。悄悄喜欢一个人的心情，又怎能轻易泄露出去。

你的教室在离内宿区最远的那栋教学楼，偶尔我也会绕一个圈，只为经过你教室的楼下，我也不敢抬起头，怕不小心撞见倚在走廊的你。

星期四的体育课跟你同一节，你们班背对着我们，我正好肆无忌惮地看着你在人群里做伸展运动。班级解散后你总是要去打球，在操场某个角落的球场，我总是在操场的另一端远远地看着，不敢走近，所以也总是看不仔细。但也正好印证了那句话，喜欢的人，远远地看。我沉浸在自己的小世界里，不愿去叫醒这个沉睡的小秘密。

知了声声鸣叫的午后，阴凉的树荫，远处的身影，我拿着书靠在冰凉的石桌上，觉得阳光都变成了淡粉色。

我们都是好孩子

　　暗恋最迷人的地方就是没有说出口，那么暗恋最好的结局就是我暗恋你的时候你正好也喜欢我。

　　如果没有那条短信，我想我会把秘密一直藏在心底。

　　那天，我坐在宿舍的床上整理衣服准备去洗澡，手机震动了一下，映入眼帘的是你的短信，我受宠若惊地呆看了几秒。"猜猜我是谁？"要不是我早在通讯录发下来后就存了你的电话号码，这样幼稚的短信内容大概我都会懒得查看通讯录直接无视掉。当我快速地回复了你的名字后，你显然是惊讶的，但你大概也想不到是我先存了你的号码吧。

　　你开始不间断地给我发短信，语气暧昧。我看得小鹿乱撞，暗自窃喜。那段时光，我几乎每天都带着期待的心情查看短信，情绪大起大落，因为你的只言片语喜形于色，也因为你忘回短信而愁眉苦脸。然而，年少的我们一面对喜欢的人，都变得极为腼腆。每当路上偶遇，我连抬头看你一眼的勇气都没有。跟同桌走在路上，同桌刚跟我讲完你在前面，我连头还没有抬就开始脸红到脖子根，然后同桌就会大笑，然后我故意把头偏向另一边不看你。

奇洛李维斯的回信

　　喜欢一个人的心情是卑微的，尽管主动的人是你，我依然自卑到自我怀疑。

　　短信之间你来我往，从不间断，而一旦见了面却像是陌生人般，你不理我，我也不睬你。一开始觉得彼此都脸皮薄，可以理解，时间久了可就不能忍。

你最后还是表白了，在我再三逼问之下，你承认了你喜欢我。同桌说，你这种人一看就是朝三暮四的，还是远远地看着就好。我也犹豫不决，可是你说，希望我可以相信你。

　　真正确认了你的心意，我反而更加无所适从。我们是在一起了吗？自己都回答不出这个问题。你高二，我高一，教室隔了十万八千里。幸运的时候路上偶然遇见，依然是不好意思到连招呼都不打。一次夜修下课，你走了"十万八千里"来找我，我在班里众目睽睽之下红着脸出去见你。下课时间只有十分钟，你大概用了五分钟来走路，剩下的五分钟，我们靠在走廊有一搭没一搭地说着话。那一晚我大概穿了很平的鞋子，站在一起时我需要很努力地抬起头。你倚在走廊上并不怎么转过头看我，我左手扯着衣角也只能偷偷看下你的侧脸。若时光停留在那一刻，那会是一个很美好的画面。铃声响时，你说："进去吧，好好学习。"进教室的时候大家都在看我，尽管脸被看得火烧火燎，但嘴角还是忍不住地上扬。同桌说，"快照下镜子，看你那花痴样。"没能如你所愿，那节夜修，我一个字都没能看进去。

　　一次在田径场散步，你的教室就在田径场的尽头。我心血来潮去找你，我带着同桌的精神支持还有心跳加速和呼吸困难等症状跑去你教室门口把你叫了出来，你的同学在旁边不怀好意地看着。回去之后你发了条短信，问我脸怎么那么红，叫我别在操场待太久。那时候真想骂你笨，怎么一点儿看不出来我是因为害羞呢，还以为是风吹的呢！

　　那次见面后，我们开始忙着准备期末考，直到考完回家，我们都没能再见一面。整个寒假，我们就真的完完全全地靠着文字在联系。简简单单地你一言我一语，然后到十点的时候你叫我早点儿睡，我说好。我经常性隐身，你说以后不要对你隐身，我说好。

意料之外情理之中

　　开学那天，正好是情人节。我上着课，心神不宁，开着手机等不来你的只言片语。大概，我于你并不算什么。第二天，在食堂遇到了你，你只是看了我一眼，就像遇到了一个不太熟的同学。我生气地发短信质问你为什么忽冷忽热，你轻松地回答，"没有啊，想我啦？"我就这样没原则地消气了。

夜修结束后，在路上遇见了你，你跟一个认识的学姐走在前面聊得很愉快的样子。我走得很快，经过你的身边，我想你是有看到我的，可是你并没有任何解释。我赌气不再找你，你居然也没有再出现。沉默了几天，收到了来自你的短信。你说对不起，我们就只能到这里。你说你放不下你心里的那个女孩儿，你说你只是想找个人聊聊天。你说你纠结了很久，发现你只是把我当妹妹看待了。理由有很多，我也不知道该选择哪个去相信。你问我会不会难过，像是甩了我一巴掌然后问我疼吗。不想理你。那节课是生物课，生物老师是刚大学毕业的老师，通情达理，我也不管不顾了，趴在桌子上哭到前后左右都来递纸巾。

我的心，开始瘦瘦的

朋友还在怀疑我的选择，而我不当仙女已经很久了。

同桌说，其实她早就猜到会这样，你看起来一点儿都不认真。其实我也有相同的感受，至于为什么还是自顾自地沦陷，只能说句名言：Love is blind。

当不想见到一个人的时候，那个人就会经常出现在你面前。做早操，回教室，去食堂，总是能在路上遇见你。我倔强地不去看你，你也没有一点儿愧疚的样子，当着我的面跟部门的女生玩得没有分寸。像是蛀空了的牙齿，麻木的，倒也不觉得什么，只是风来的时候，隐隐有一些酸痛。在四下无人的时候，忍不住去翻你最近的动态，没有一条是关于我的，底下还有和女生的暧昧的回复。"她很白，总穿红色衣服，身材很协调，歌声很动听，记忆力非常好。"你在回复别人的评论中写到你的她。眼不见为净，我偷偷把你拉黑了。

时间是伟大的治愈师

我高二，你高三，各自生活各自忙碌。不小心遇到，你依然眼神闪躲，也不知是出于愧疚还是别的原因。我看见你更是掉头就走，除了尴尬还夹杂些新仇旧恨。

如果不是你的所谓想找个人聊天，那就没有这些逃无可逃的后来。如果你能像一开始那样一直当一个笑着不说话的学长，那故事便可以裁剪冗余，结束在那青涩美好的暗恋里。你给你自己搭了一个灯火辉煌的舞台，我本可以心甘情愿地做被浓艳灯火遮掩住的一道暗追灯。可你偏偏要邀请我上台，之后再跟我说我并不是你要的人。于是，之后再上台的人，都让我感到妒意。

都说时间是最好的良药。一开始费尽心机，想要忘却这一段时光。再后来，记忆像干枯的叶子，那些清新和嫩绿消失在时间刻度的前端，只剩一片片干枯而平整的安静地被夹在书架最上端的书里，不去翻开便不再重见天日。在你毕业前的最后一个夏天，我们总算结束这种见面的尴尬场景。明明你是个快要高考的人，偏偏还是爱篮球爱得要死。这会儿听说你脚受伤了，过会儿又听说手受伤了。什么怨都在这时间和心疼里消失得无影踪，偷偷地把你再加回来，尝试着见面时候大气地 say Hi。

好在我们没有在一起

时间已经过去很久，当时过境迁，我们也早已冰释前嫌。远在不同的城市，偶尔也会分享些小情绪。我们各自在对的时间里找到了对的人，更加成熟地去对待一份感情。我也曾问起当初的疑惑，为什么当时你这样接近我后又离开。你说我看起来很是被动，让你一点儿信心都没有。我问，那个总穿红色衣服的白皮肤女生又是谁，为让你想起来我还可以把评论找出来截图给你。你说你想不起来了，大概只是跟别人在开玩笑而已。我有时候也幻想过，要是当时我们都能够成熟一些，结局是不是会不一样？但当我们各自释怀的时候，我问你当时是否喜欢过我，你的回答是肯定的时候，我就觉得，结局是怎样都已经无所谓了，没有在一起的原因，也不想追究太多。

有人说，青春太好，好到你无论怎么过，都让人觉得浪掷，回头一看，都要生悔。既然如此，结局就没有那么重要了，故事无论停在哪里，都显得遗憾而美丽。

光阴荏苒，我们早已褪下当年的白衣校服。你不会知道当时我悄悄喜欢着你的心情，以及趴在桌子上因你哭泣的模样。我也不想再追根究底那时你接近我又离开我的原因。我们没有在一起至少还像家人一样，你远远的关心其实更长。既然时光仍然安然无恙，山石草木是这样毫发无伤，那这便是命运最好的安排。

花 房 姑 娘

亚小诗

1

我叫陆子薇,每当我说出自己的名字时,总会引来一阵戏谑:"你妈妈很爱看《还珠格格》吧?你的尔康哪里去了?"

父母以我的名字开了家花店——"子薇花房"。

高考结束后,录取通知还没下来。这天父母要去亲戚家,我赶紧来花店当临时"店主"。嘿嘿,感觉不错嘛,这么年轻就有花店了。我正臭美之际,一声巨响把我的思绪从九霄云外拉回。

我定睛一看,一个小丑打扮的人骑三轮摩托车摔倒在我家店门口,车上写着四个大字——"小丑鲜花"。

我赶忙起身上前,看看对方伤势如何,还没等我上前扶他,他就赶忙自己起来了,不看自己伤势如何,第一件事就是去扶起车子,看看送货箱里的花有没有伤到。打开箱子后,他垂下了头。虽说有浓浓颜料的小丑脸谱做遮挡,也能看出他很不开心。

我往前凑过去,小心翼翼地问他:"喂,你没事儿吧?"

他没有回答我。

我再往前挪了挪,走到送货箱旁边,探头一看,噢,原本包装精美的规规矩矩摆放着的一束玫瑰花，彻底翻了个身，有的掉落了花瓣，有的直接整个花苞都滚落了出来。

"我想我要失去这份工作了，老板说没有下一次了。"小丑先生沮丧地嘟囔道。

"下一次？"我不合时宜地好奇问道。

"这是我上班的第一周。就在前天，我要给一个客户的母亲送一束康乃馨，给另一个客户的女朋友送一束玫瑰花，因为我们是盒装的，我自己粗心大意，送反了，导致收到康乃馨的那位女朋友吵着要分手。老板又是退钱又是道歉的，听说客人气得要过来砸店了。"

"哈哈！"我忍不住笑了起来，笑完隐约感觉气氛不对，立马把笑容收了起来。

"老板说没有下一次了，再有下一次，就让我卷起铺盖走人……"他越说声音越小。

"别难过，我帮你。"

我把小丑先生领进门，他像抱着一只受伤的小动物般抱着那束破损的玫瑰花，我给他找了个座位，小心翼翼地从他手上接过那束花。

我仔细打量了一下花束，一共有十一朵，两朵"断了头"没有了花苞，另有三朵破损了花瓣，而这三朵破损了花瓣的玫瑰，并非惨烈到严重，把破损的那一瓣小心翼翼地撕下，再把整体花苞弄得蓬松一些，看起来也很正常。

可是好像个头会比之前小一些，那也没问题，把花束拆开重新包装，破损的小个子放到周围，我再从自己家的玫瑰中，挑出两朵大而饱满的，放到正中间，把所有的玫瑰从中心到四周由大到小地摆放，显得主次有序，正中间那两朵在衬托下，越发妖娆。

我把花束递还给他，他激动到不行："天啊，这太谢谢你了，看起来就像每一朵都是刚采摘的一样。我应该给你多少钱？"

"举手之劳啦，我只是给了你两枝玫瑰花而已，不要钱。你快走吧，不然送货太晚，你的老板又要骂你啦！"

面对我的慷慨，略显羞涩的他不知道说什么好，只是再次感谢，然后小心地抱着玫瑰，仓皇而逃。他把"复活"之后的玫瑰小心翼翼地放回原来的包装盒，就像一个新手爸爸小心地把小宝贝放进婴儿车一样，他的手因为紧张而略微发抖了。

他开车离开了，侧身招手，用他小丑夸张的大嘴巴，跟我微笑再见。

呵呵，这个送花员还蛮可爱的嘛。

2

爸妈走完亲戚回到家。

妈妈问我今天生意怎么样，我如实禀报，只是没有提起给小丑鲜花送货员帮忙的事情。

听我讲完当日业绩，妈妈对我的看店态度表示满意。然后她系上围裙，开始忙活了，今天还有几束花要扎呢。

妈妈包花的时候，我坐在店里津津有味地看着电视，偶像剧的套路虽然都一样，可是我这种浪漫的女生就是爱看呢。平凡的傻白甜女主角，帅气多金又温柔的男二号，无论男二号多好多暖，最终女主角还是会义无反顾地奔向高冷男主角的怀抱，嗯！就是这样。

"子薇！"妈妈的一声大喊把我从偶像剧拉回人间，"怎么了妈妈？"

"冷藏柜里的卡罗拉玫瑰怎么少了两朵？我记得刚好十九朵的，你把它们卖了吗？怎么没有告诉我！"妈妈语气急促。

天呐，妈妈也太神了吧，怎么可能花有多少朵都记得清楚？我不知道怎么回答。

"人家昨天就打电话来订的，要上好的卡罗拉玫瑰十九朵，这是大客户，是附近的演艺中心，咱们的花都是送给艺术家和演艺明星的！这家演艺中心跟咱们合作很久了，花都是咱们这里订的，这可怎么办……那两朵花去哪里了？"

"啊，这……"我蒙了，顶级卡罗拉玫瑰我家里没有种植，花市的玫瑰都是清早去批发的，像这种特定的品种，一般都要提前电话订购，临时肯定没有。

我今天是不是犯傻啊，很明显这个冰柜的玫瑰花是限定款，更大更饱满，我居然想都没想就直接拿出两朵来做慈善！妈妈知道详情可能会吃了我。

"妈妈，要不咱去别家花店借两朵？"我躲避开那两朵花去了哪里的问题，跟妈妈建议道。

"自己家开花店的，去别人家借花，亏你说得出来，丢人都丢到外面去了。"妈妈更加生气了。

正当我们母女俩都犯愁的时候，一个彩虹般的身影从家门口晃过，啊！是他！没准他可以帮忙！

我顾不上跟妈妈解释，冲出店去，跑到马路上，朝着远去的小丑先生大喊。

"喂！"除了这么喊，我不知道该怎么称呼他，总不可能喊小丑吧。

他听到我的喊声，停下车，回过头。

我跟了上去，气喘吁吁："你好……你家……有没有……能不能……"

"你歇会儿再说，上气不接下气的，我也听不清你讲什么。"他笑道，自己也立马补充道，"对了，上午的事真的要好好谢谢你了，多亏你帮忙，顾客很满意，还夸我们包装水平高呢。"

"我追赶你不是因为这个事，有急事！你家花店有没有卡罗拉玫瑰？要上好的那种。"我直入正题地问他，没空解释。

"卡罗拉？我刚做这个工作不久，不太懂花，不知道卡罗拉玫瑰是哪种。"

"就是我上午帮你包进花里的那种，很大很饱满的，一朵能有普通玫瑰一朵半大的那种。很急！我不知道那个花是已经被客人订了的，等会儿就要送了，少了两朵，妈妈急坏了。"我越说话语速越快，因为我也很着急。

他一听我这么说，很愧疚，立马跟我讲："来，你挤上车来，我带你去我们店看看，因为我也不认识，怕挑错，应该有的，我家花店是这边最大的花店了，拿了花我再送你回来。"

"好的！"我上了他的车，挤在他旁边的位子坐下，然后从车里侧出头，对不远处正在好奇地看着我的妈妈大喊："我去拿卡罗拉，很快就回来！"

他车开得很快，很专注，看得出他很上心，很想帮我。

他是个五官端正的小伙子，看着他专注的眼神，有一点点好看。他的车很快，像飞奔的彩虹，我像是坐在彩虹上的人。我坐在这并不浪漫，甚至有点儿滑稽的外卖小车上，居然感觉到了一丝丝偶像剧的幸福。

车子很快就到了小丑花店，他让我提前下车，别让老板看到我是坐他的车来的，他在转角处等我，塞给了我一百块钱，让我去买那两朵卡罗拉，买完立马回来坐他车回家，如果被老板看到他，他可能又要立马去送花了。

我看着一百块，说："用不了这么多！我自己也带了钱的。"说完把钱还给他。

他拒绝收下，说是因为自己的原因让我损失这两朵花，怎么也得他来出，他示意我赶紧去买花，不然来不及了。

我小跑进入小丑花店。啊，我还是第一次来呢，不仅装修得很有游乐园的感觉，花店确实比我家大不少，鲜花的品种也比我家多呢。我顾不上再多端详，赶紧去买花，居然有卖，这种我家需要提前一天订购的特供鲜花，他们家花店直接就有零售，真是太棒了。

买完花，老板问我要哪种包装，我说："不用了，我自己会。"说罢拿了零钱和花就跑。

小丑先生在角落接应我，他顾不上接我递给他的零钱，示意我赶紧上车。他载着我一路飞奔，我用手护住花，很快就到了家，一点儿也没耽误。

我跑进自家花店，把花递到妈妈手上，等我出来跟他道谢时，他已经离开了，我手上还攥着找零的钱，他真是个好人。

原来，冥冥之中，真的有善有善报这种事情呢，我感激起来。

3

从这一天开始，我每天的看店都变得更有趣了。坐在店里的我，注意力总在店外。

第一天，我把零钱还给了他，我向他道谢，他说这是他应该做的。我问他叫什么名字，他说叫丁向，方向的向。我说听起来好像花名"丁香"哦，他说别这么叫，太娘了。他问我叫什么名字，我说子薇，他说，你这才是真正的花名啊。

第二天，他主动停下来跟我说了会儿话，我问他热不热，他说还好呀。我问他这样晒，会不会晒伤，让他注意防晒，他说，没关系，小丑脸谱的颜料应该挺防晒的。

第三天，家里榨西瓜汁喝，我多榨了一点儿，留了一杯给他，怕他弄花了小丑的大嘴妆容，特意给他准备了吸管，他说太好喝啦。

……

"你不画小丑脸谱，我都不认识你了。"这一天他照样去送花，骑着小丑鲜花的车，只是没有再画小丑脸谱，他的长相跟我想象得差不多，不，或许比我想得再好看了那么一些。

"因为今天是去敬老院给一位八旬老人送花，敬老院里老人比较多，老板交代我正常着装好了，不要吓到他们。"

听他这么说，我觉得也对。"我也快出门了呢，"我指了指店门口的小电动车，"我也要去送一束花。"

"我带你一程呗,顺路。"丁向说。

"你哪知道我要去哪里啊,就说顺路。"我害羞地笑着。

"你去哪儿我都顺路,上来吧。鲜花礼盒后备厢里塞不下了,你就把花束抱手上吧。"他示意我上车。

我瞄了瞄店内,确保妈妈没有在盯着我看,然后灵活地溜上了车,手里抱着待会儿要送的花。

坐在车上,觉得这场面太搞笑了,他开车,我抱着花坐在旁边,就像我刚收到一束他送给我的花似的。车子是三轮送货小摩托,车外的人看我们一目了然,我很害羞,感觉自己的羞涩被整条街的人检阅了。

他好像也有点儿害羞,不,是比我更害羞。他说:"小丑装扮的时候,虽然看起来滑稽,但是心里还挺不错的,好像有了一个面具,别人看不到你的内心,即便刚刚被老板骂,被客户抱怨太慢,但是路上的小朋友看见你,都像见到圣诞老人一般,就算自己沮丧着脸,也是一张滑稽的逗人开心的沮丧脸。小丑装扮的时候,人会更乐观、更自信,甚至感觉,就算小动物见到我,都像见到朋友,好像全世界都挺喜欢我的。"

"对啊,我也挺喜欢的。"我接着他的话说,说完感觉不对劲,"不不不!我说的是我也挺喜欢你的小丑脸谱的!不是喜欢你!"说完还是感觉不对劲,"哎呀,也不是不喜欢你,就是……"我都不知道自己在说什么了,完全语无伦次。

他笑了:"哈哈,我懂我懂。"极力地帮我缓解尴尬。

我们一路有说有笑,我很快就到了目的地,然后陪他送了花,再等他捎我回家。

城市很小,路上熟人不少,尽管我没有注意到他们,很多人还是看到了我,碎嘴的妇女们,该跟我妈打小报告了。

4

晚餐的时候，妈妈停下筷子，很严肃地问我："你是不是跟小丑鲜花的那个送货员好上了？天天看你们在店门口眉来眼去的。今天还坐他小破车去送花了，别以为我不知道！"

"哪有……"我被老妈这突如其来的教育惊吓到，赶忙大口吃饭，以掩饰我的慌张。

正在专注看新闻的爸爸缓过神，凑了过来，"什么情况？我怎么什么都不知道。"一副后知后觉求八卦的神情。

"哎呀，就是他有一次在咱们家店门口摔倒……把花摔坏了，可能要因此丢了工作，我帮他重新包了一下花……就是少了两枝卡罗拉那次，人家也帮了我啊……我们就是刚认识的普通朋友。"我极力辩解。

"你啊，一结巴就是心里有鬼。"妈妈可是我肚子里的蛔虫。

老爸替我解围："年轻人，交交朋友没啥啊，天天坐店里也怪无聊。"

"就是就是。"我赶紧接住老爸的话茬。

"人家一个送花员，咱们家子薇下个月可就是大学生了，就像他们家的店名，他是小丑，咱子薇是鲜花，你们就不是一个世界的人。可别让人给骗了，年轻小伙子心里装着啥事儿啊，我可清楚着！"老妈一副过来人的样子。

"老妈，瞧你这婆婆妈妈的劲头，同学们都叫我紫薇格格，紫薇格格的妈妈明明是夏雨荷，怎么到了你这变成容嬷嬷了呀。"我打趣妈妈道。

"去你的，小心我拿针扎你。"妈妈笑着反驳。

"哈哈哈！"

5

深夜，睡不着，我一个人在床上辗转反侧。

我脑海的小人开始对话了。

感性小人："我是不是喜欢他啊？"

理智小人："我不知道欸。"

感性小人开始碎碎念："大概真的有一点儿喜欢吧，如果不喜欢的话，下午的时候为什么要语无伦次？爸妈提到他时，我为什么会紧张，为什么要跟他们狡辩呢？他人挺老实的，心眼好，而且样子也还可以，虽不是我平日看的偶像剧里那样高帅，但至少清秀，声音也挺好听，我卖花他送花，好像这个组合也不错噢，可以像爸爸妈妈那样。"

理性小人："妈妈晚饭时说的是否对呢，他只是个送花员，而我不久后要去读大学，一个远方的挺不错的大学，而他一直是这样，一个笨拙的羞涩的送花员，带着满脸的颜料和大大的红鼻子。"

感性小人："他这么年轻，不会一直是送花员啊，他可能渐渐会拥有自己的花店，那个花店又大又漂亮，花店里只是缺一个善良可爱的老板娘而已。再说了，就算他不会拥有自己的花店，他一直做送花员，我会因为这个排斥他，那真的很功利呢。"

"对哦，功利。喜欢一个人不应该功利……等等，我在说什么？喜欢一个人，噢，看样子，我是真的喜欢他了，那他喜不喜欢我呢……"

6

也许是前一天父母开了自己跟他的玩笑，也可能是昨晚想了太多关于他的事情，总之，这一天，我感觉自己看到他会很不好意思。

为了掩饰这种不好意思，我故意背对着门坐着，一副好奇怪的看店架势。进店买花的客人甚至都要奇怪地问上一句"今天卖花吗？"

稍稍躲避了他一两天，我又于心不忍，他那么朴实善良，看到他就抑制不住好心情。

我还是像往常一样跟他打招呼，他顺路带我送花，我给他准备一点儿饮料和点心，像一个中途的补给站。

我还有几天就要去上大学了，真不知道怎样跟他开口。

这一天傍晚，他来到我家店里，"子薇，我可以预定一束明天的卡罗拉玫瑰吗？"

"咦，你家店里没有吗？"我好奇地问他。

"有啊，可是我觉得我们老板包的花没有你包的好看。"

"哈哈，真的吗？"我开心道。往常来店里买花的顾客可都是"你妈妈在吗？让她包装行吗，她包装得比较好看"，这次，终于有了我这个新锐老板的出头日，嘿嘿。

他付了定金就立马走了，我甚至来不及跟他多说一句话。

他走后，我有点儿失落，这花是他替别人买的？还是自己买的？如果是自己买的，又是送给谁呢，这可是玫瑰啊，上好的卡罗拉玫瑰啊，不可能是送给妈妈的吧，或许，他有喜欢的人呢……或许明天是他女朋友的生日……

我不愿再想了，心里五味杂陈。

7

隔天，他来到店里，取走了那束卡罗拉玫瑰，我依然没有来得及问他送给谁，只是好羡慕那个收到花的人。

他骑上送货车，跟我挥手再见，我目送他离去。

他围着远处的花坛绕了一个圈，又径直把车开了回来。

"您好，您的花到了，送花人是丁向先生，他明天就要结束这份兼职工作，去上大学了，他希望你能每天都很开心，像这束卡罗拉玫瑰一样美丽。"

我羞涩得不知道说什么好。

他问我："卡罗拉玫瑰的花语是什么？"

我说："因为有你。"

向阳绿萝最美丽

小妖寂寂

1

学校里的莫小兮是个另类的存在。好事的同学在背地里悄悄议论，说莫小兮这样的女生估计家里有钱得很，才会养就这么一副孤僻的瞧不起人的样子。

是的，莫小兮就像一颗清冷的珠子，眉宇间的倨傲让人见了就不自觉想避开。

尤其是在蓝少面前。才貌兼备的蓝少是班上最受欢迎的男生，没有之一。但在莫小兮那里，他似乎一点儿都不吃香。莫小兮的眼睛好像从来都不看蓝少，每次经过蓝少身边，她都比任何时候更像个骄傲的公主一样，高高地仰着头，目不斜视地走过去。

莫小兮对同学们的议论感到很满意，这证明她的伪装很成功。

从来都不曾是什么公主，莫小兮觉得自己比灰姑娘都还要像灰姑娘。每天一放学，莫小兮几乎都是第一个离开教室，走出学校大门后，再路过几家七七八八的小店，就到自家的小吃店了。小小的店面，擦得很亮的玻璃，边上有红色胶布粘成的几个大字：粥粉面饭。莫小兮在小吃店面路边站定脚步，四周围张望一下，确定没有熟人了，一闪身就进了巷子，再绕到小吃店的后门进入到厨房。

放学后的莫小兮，在小吃店的厨房里帮妈妈淘米洗菜切肉，干很多很多的杂碎活，但就是从来都不到店面去。妈妈总是对她说："小兮呀，总待在厨房里闷吧，外面来了好多学生在吃面条，你要不要出去看看是不是你同学？"莫小兮只顾低头，熟练而快速地择拣手中的菜心，好一会儿才淡淡回一句：我就喜欢待厨房里。

明显是莫小兮的违心话，把美丽的青春与油腻腻的厨房放在一块儿，要有多不搭就有多不搭，可莫妈妈却真的相信了。

2

那天，莫小兮蹲在厨房里洗菜，妈妈刚给客人做好了面条，因为忙着接一个电话，就让莫小兮把面条给客人端出去。莫小兮犹豫了一下，想到是周末应该不会碰见熟人，最终还是听从了妈妈的话，端起面条走出了厨房。

然后她看见了蓝少。那碗面条是他叫的。

莫小兮下意识地转过身想往回走，可已经晚了，蓝少已经发现了她。男生瞪着明亮的双眸，惊讶地问："你怎么在这里？"莫小兮只得硬着头皮走过来把手中热气腾腾的食物放到桌上，她张张嘴想说点儿什么，却没有发出声来。正当她窘迫得想要撞墙的当口，讲完电话的妈妈走过来，满脸笑容地说："这是小兮的同学吗，快吃快吃，不够阿姨再给你添啊！"

蓝少吃面的时候，莫小兮也被妈妈给塞了一碗云吞并按在旁边坐着，说是让她好好和同学聊聊天。

旁边是长相清澈的男生，眼前是平时最爱吃的云吞，莫小兮却坐如针毡、食不知味。就餐的过程两人低着头一直没有说话，主要是莫小兮一副冷漠又缄默的表情把蓝少逼得好几次到了口边的话硬是又给咽了回去。

蓝少飞快地吃完了一碗面条，买单的时候他对着莫妈妈不住地称赞说面条很好吃。莫妈妈的脸上乐开了花，她一边用手推挡着蓝少递过来的钱，一边说："不要给钱了，你是小兮的同学，阿姨请你吃啊。"于是蓝少捏着钱的手伸过来又被推了回去，推回去又伸了过来，旁边的莫小兮终于忍不住站起来，默默地接过男生执意要给的钱。

送走了客人后，妈妈埋怨莫小兮怎么收了同学的钱。莫小兮没好气地说："妈你假客套什么，也不怕人家说你虚伪。"妈妈皱起眉头："我是真心不想收他钱的。"

莫小兮欲言又止，妈妈委屈的样子硬是让她把溜到嘴边的话又给咽回了肚子里去。肚子咽下的话是："你以为请我同学吃个面条，人家就看得起我了吗，我可是清楚知道自己就连买个苹果吃都是要挑最便宜的买。"

3

一连好些天，莫小兮都反常地在教室里低着头走路。一旦有同学聚在一起说话，她都兔子般警惕地竖起耳朵，她担心同学们是不是已经知道了她的秘密。

可是好像真没有，大家一直都没什么异样，莫小兮总算放下了心来。

莫小兮恢复了高傲的伪装，只是迎面碰见蓝少时候，两人之间的气氛似乎少了些以往冷冰冰的意味。蓝少会笑着跟她打招呼，莫小兮虽然没有热情回应，但脸上的线条明显缓和了些许。她偶尔会有股冲动，想和蓝少说说话，但她总是开不了口，像是有块什么东西塞住了喉咙，往往在她试图努力一下的时候，两个人就已经擦肩而过了。所以莫小兮只能在日记里写蓝少温和的笑，像是能够暖到人的心里去。

只不过，像蓝少这样明媚的少年，又怎么会喜欢和沉默而乖戾的自己交朋友呢。莫小兮蹲在厨房里，一边刷水里的碗筷一边想。

刚给客人端了一碗面条出去的莫妈妈把头探进来："小兮出来一下，有人找你。"

莫小兮愣了一下，站起身将信将疑地走出厨房，然后看见蓝少捧着个绿意盎然的盆栽正笑眯眯地看着她。莫小兮的脸一下子烫起来——自己身上还系着旧围裙，双手还沾着洗洁精的泡沫……"是不是打扰你干活了？"蓝少显得有点儿不好意思。莫小兮赶紧摇头，她只是太惊讶了，眼前的男生好像并不是来吃东西的。

蓝少两只胳膊往前一伸，把手上的盆栽送到了莫小兮面前。

"这是绿萝，很好养的，我看你们这也没个绿色植物，就顺便买多一盆送你，可以给屋子增加点生气噢！"

莫小兮接过名叫绿萝的盆栽，明明想说点儿什么，可最后却只挤出一句硬邦邦的"谢谢"来。

"我家里有一盆一样的，两个月后我们来比比看谁养得好！"微笑的蓝少盯着莫小兮，眼睛里是热忱的期待。莫小兮只好点点头，算是应允了这个约定。

蓝少离开后，莫小兮悄悄掉了颗眼泪。

4

绿萝盆栽被莫小兮摆到了收银台边上，这是小吃店里最显眼的位置，一进店门就可以看到。可别说，这小小的一丛绿色还真犹如点睛之笔，让整个店面的环境鲜活了不少。就连放学后的莫小兮都常常忍不住从厨房里跑出来，看一下摸一下那翠绿的叶子。

而在学校里，莫小兮开始和蓝少说话了，很自然地就能开口，虽然来来去去也就简单的几句，但已经能让她内心欢喜不少。

只是有一天，妈妈心情大好地对莫小兮说了一句："最近店里生意好了很多，你们学校好多学生来我们家吃东西呢！"听了妈妈的话，莫小兮却高兴不起来，她隐隐约约觉得像是哪里不对的样子。

果然，莫小兮第二天就在自家小吃店里迎面碰上了一群自己班上的同学。

同学们惊讶地和莫小兮打着招呼："原来这是你家的店啊，莫小兮，你怎么不早点儿告诉我们啊！"尴尬的莫小兮从脸上挤出一丝笑容，转身逃回厨房。

但开心的莫妈妈盼咐女儿："小兮啊，既然都是你的同学，你就帮妈妈到外面招呼他们吧。"莫小兮本能地想要拒绝妈妈的要求，可她一扭头就看见妈妈围着灶台正忙得不可开交的身影，她只好把那句已到了嘴边的"不要"吞了回去。莫小兮默默地拿上干净的餐具，走出了厨房。

小店里坐满了穿着校服的同龄人，有莫小兮认识的，也有莫小兮不认识的。莫小兮低着头，一边为大家摆上碗筷和接受点餐，一边努力地想让自己表现得自然点儿。

没有人知道，此刻，她心里卑微到了极点。

打烊后，莫小兮把收银台上的那盆绿萝搬进厨房去，随手就塞在杂物架底下的黑暗角落里。她不想再看到这盆植物了，她不要领蓝少的情。就这样轻易地把她给出卖了，算什么朋友呢，莫小兮有点儿悲哀地想，在蓝少的心里其实也是瞧不起自己这种穷家境的女生吧。

5

让人最意料不到的是，莫小兮家的小吃店在学校里出了名。

走在校园里，常常会有认识或不认识的同学笑着跟莫小兮打招呼，他们朝莫小兮竖起大拇指说你家的东西真好吃，天天吃都不腻。

大家的友好让莫小兮很是不习惯，每次她都是低着头匆匆就走过。在学校里尚可如此，但在小吃店遇上就不行了。每天放学后的时间，穿着蓝白校服的年轻客人纷沓而至，把小吃店挤得满满当当，莫小兮不得不从厨房里走出来帮着妈妈忙活。刚开始时莫小兮还扭扭捏捏地觉得难堪，可看到大家都不以为意，并且还对她扬着一张张真诚的笑脸，甚至在她忙不过来时主动帮忙擦桌子搬凳子拿碗筷加佐料……莫小兮也就坦然起来了。

到了月底一结算，小吃店的利润足足翻了两倍！生意这么好，妈妈脸上自然笑开了花，莫小兮在心里也跟着有点儿欢喜了起来。但是一想到蓝少，她的好心情立马消失无踪，所以后来在店里再见到蓝少，莫小兮就没有好脸色给他看了。

那天蓝少来到小吃店吃面条，刚坐下来就问莫小兮："你的绿萝养得怎么样啦？"

莫小兮没搭理他，放下餐具转身走了。

摸不着头脑的蓝少有点儿郁闷，没等吃完面条他就忍不住跑到收银台去付钱。莫小兮像不认识他一样，面无表情地默默低头去找零钱了。蓝少小心翼翼地问她："你是不是今天心情不好？"见莫小兮没有反应，蓝少只好有点儿尴尬地转移话题，"你们店今天生意好像不错，很多顾客都是我们学校的学生耶，该不会是你在学校里登小广告了吧？！"

莫小兮一边把零钱塞进少年的手里一边白了他一眼，心里想，装什么装，这些顾客还不都是你给拉来的。

自讨没趣的蓝少终于放弃搭讪莫小兮，一脸纳闷地离开了小吃店。

但晚上回家后妈妈不经意的一句话让莫小兮意识到自己似乎错怪了蓝少。"小兮呀，有机会你得好好谢谢那个叫果果的女生，听说最开始是她在你们学校网站上发了帖子，大家才知道我们东西好吃的。"原来真相是这个样子，莫小兮有点儿懊恼。

6

第二天一早莫小兮就跑到了小吃店里。本来是周末，学校边上的店都不着急开门的，但莫小兮想要看看自己丢在厨房里的绿萝盆栽怎么样了。

可是摸遍了杂物架底下的空隙，莫小兮都没有摸着蓝少送的那盆小植物。

莫小兮很内疚，她猜想被遗弃在黑暗角落的绿萝一定是死了，然后妈妈把它当垃圾一样给扔掉了。这下怎么跟蓝少解释呢，好不容易才交得这么个朋友，莫小兮悔死了。莫小兮想去花卉市场买一盆绿萝回来，可是妈妈叫住了她。

"今天可能会有很多客人，小兮你得在店里帮我忙才行。"莫小兮不明白了，明明周末学校放假，哪里会来很多客人。

但妈妈没说错，果然很快就来了很多客人。

虽然没穿校服，但莫小兮还是认出了他们都是跟自己同一个学校的。这些年轻的客人嘻嘻哈哈地围了莫小兮一圈，忽然异口同声地唱起生日歌来。莫小兮一愣，好像今天是自己生日，怎么一点儿都没想起来，不过，这些人是怎么知道的呢？莫小兮还来不及做出反应，唱完生日歌的大家又纷纷掏出小礼物来塞给她，然后呼啦啦地散坐到旁边的桌子边上。

妈妈走过来轻轻地拥抱了莫小兮，"好孩子，是妈妈让人在你们学校网站上发帖请大家过来给你过生日的，你要开心点儿。"

莫小兮想对妈妈笑笑，可是她才刚牵动嘴角，眼泪就先滑落下来了。

莫小兮度过了一个很特别的生日。这一天里，她收获了很多爱，来自友情，来自亲情，甚至，来自绿萝盆栽。那盆莫小兮以为彻底消失了的绿萝，妈妈变戏法一样把它端了出来。被摆到阳光下养了半个月，它不但没有死掉，反而长得更葱郁更旺盛了。

生日那天蓝少也来了，他给莫小兮带来的礼物是另一盆小绿萝。蓝少告诉莫小兮，绿萝秉性难得，土能栽，水能养，加一点儿阳光就更加蓬勃生长。他希望莫小兮在往后的人生中能如这绿萝一样顽强随性、坚韧善良。

莫小兮暗暗决定，从此她也要做一株向阳的绿萝。

糖 衣

一 诺

全世界失眠

班主任公布月考成绩的时候，苏夏低头转着手中的荧光笔，班主任恨铁不成钢地看了她一眼，放下成绩单。

"好了，这次月考的成绩就这样，按名次排的。有的人，不要只知道玩，也不看看都什么时候了。"

他走出了教室，前排的人就开始议论，无非就是"这次题目好简单啊，还得努力""欸，这个题是不是老师改错了？我的答案跟你的一样啊"之类的话。我比苏夏也好不了多少，她倒一，我倒十。用那些学霸的话来说，我们这些学渣就好像搅坏一锅粥的老鼠屎。我懒得去管别人怎么说，戴上耳机习惯性地侧过头看南柒。

南柒的目光刚好转到我们这个方向，他的眼睛里有一层雾，不知道是他戴着眼镜还是别的原因。我以为他在看我，脸上不禁泛起了红晕，连忙转过身来假装做题。可能是时间的原因，我和南柒的距离越来越远了。

后来顾琛告诉我，班主任念到苏夏的名字时，南柒忧郁地看着她，眼里充满了怜惜。顾琛问我："你跟南柒那么好，你说他是不是喜欢苏夏？"

我摆摆手，"我怎么知道？你自己去问他啊！你不是怕南柒抢走苏夏吧？"

我半开玩笑地说，心却碎成了饺子馅儿。是啊，我怎么会看不出来呢？当苏夏说想写钢笔字时，南柒立刻丢过来一支钢笔。可我也要求给我一支时，南柒却说："想写就自己去买啊，你又不缺那点儿钱。"我赌气将本子扔到课桌里，看起小说来。

放学后苏夏让我陪她去吃饭，她笑着说，"深深，我好想剃光头哦！这么冷的天洗头太麻烦了。"不知道是她笑得太牵强还是怎么，我好心疼她。"剃完头更冷好吗？你是智商低还是怎么的？"我这人就是这样，不说话的时候是好人，话一说完后本性就暴露出来了，怎么损人怎么来。可是我才意识到现在不是该开玩笑的时候，我说她智商低，她一定在想我也看不起她。完了完了，她又要哭了，暴风雨前的宁静。我忙补充说："哎呀小夏，我开玩笑呢，你想剃就去剃吧，到时候我给你买顶假发吧！"

"剃个头发还有这么多福利哦，顾琛还说要帮我买帽子呢！"她破涕为笑，"对了，不要再说我智商低了，我可是要考大学的人。"

哎，女生真是奇怪的动物。

晚修前苏夏又趴在课桌上哭了，趁着班主任来之前，我打电话跟他说苏夏不舒服，要请假。他批了。我送她回家，她抱着我，"明天周末，今晚你来陪我好吗？"我点点头，帮她关上门后回学校了。

顾琛一直刨根问底询问苏夏怎么了，我没好气地白了他一眼，班主任就走进教室，"人都有个不高兴的时候，想请假嘛，我理解。"

他总是瞧不起学习差的同学，那又怎样？至少我们的成绩是真实的，比那些作弊得来的高分有价值多了！

一整个晚自习我都没有听，一直在想着南柒，想着要怎么做才能靠他更近，想着要怎么努力一百八十天以后才不会后悔。在心底我是真真切切地想考大学，我和苏夏都这样想，即使我们成绩差，但我们并没有放弃。

终于熬到下课,我买了水果糖,敲开苏夏的门,她眼睛红红的,又哭了。

"深深,我好像喜欢上南柒了,可是我不会跟他说话了,我考那么差,没脸见他。"

我递过水果糖,苏夏挑了一颗西瓜味的,剥开糖衣。"好甜!"她的眼睛眯成一条缝。

那一晚,我们都失眠了。

特别的人

苏夏说,南柒之于她是个特别的人。

苏夏长得很漂亮,有很多人都对她好,可是她都一一拒绝了,从来不接受。当然,所有人都宠着她,所以她变得很孤傲。后来遇到南柒,他并没有什么事都让着她,而是总与她作对,把她骂哭。

"从来没有人像他那样对我过,骂我笨,说自己的事情要自己做。他还是个粗人,一点儿都不懂怜香惜玉。"苏夏嘟嘟嘴,后来脸上洋溢着一抹阳光,"可是不明白怎么会喜欢上他,也许是他教会了我很多道理,改变了我吧!"

我听着她说的这些,不停地在想,南柒,从前你也是这样对我的,可是,是时间变了还是你变了?

苏夏也变了,不再是孤零零一个人,她有很多朋友,不像我,只有南柒,可是南柒好像就要弃我而去了。苏夏说:"黎深深,南柒真的是一个好人,你那么了解他,你也应该知道。"

我把他藏在心底好几年,怎么不知道他有多好。

也许,南柒对于我来说也是个特别的人。可是南柒,到底谁才是你的特别的人?

西瓜味的夏天

我和南柒来自同一个地方，那时候我们都很优秀。我常常拽着他的衣角，死皮赖脸地让他给我买各种口味的水果糖。每一次他都拗不过我，一边掏钱，一边骂我，"黎深深，真受不了你，我又不是你男朋友，我跟你说，这可是最后一次了。"我欣喜地把五颜六色的水果糖收入囊中，说道："南柒，不如你就做我的男朋友吧！"

他白了我一眼，我真怕他就这样抽过去，连忙摇着他的手，"哎呀你别死啊，我不做你女朋友了还不行吗？"他被我摇得晕头转向，缓过劲来才说，"你这么汉子谁敢要你？哦不对，你本来就是汉子。"

我们坐在夕阳下，我挑了一颗西瓜味的，剥开糖衣，"你知道西瓜代表什么吗？"南柒用书盖住脸，躺在草地上，"代表夏天啊，你都问过多少遍了。"我铺开糖衣，它在阳光下闪耀着，荡开一圈又一圈的光晕，真漂亮。

尽管他每次都说是最后一次，但是当我扯着他的衣角时，他又屈服了。

在我们那个小村里，能走出大山的人很少，凭借着南柒理科好的优势，我也被他逼着一起学习。"你还真是管家婆，这样吧，你学习好出去打拼，我就在家喂猪带孩子怎么样！"听了这话，他又差点儿气得背过去了。

我们一起长大，常常坐在河边，那时候我刚学会河图的歌，"他还演着那场郎骑竹马来的戏，她还穿着那件花影重叠的衣。"水里的鱼儿游过来吻我们的脚。我问南柒："我们是青梅竹马对吧？"他咯咯地笑出了声。后来语文课上，老师说"青梅竹马"的意思是从小一起长大的恋人，所以不能乱用。我回头饶有趣味贼兮兮地看着他，他无语地低下头，"黎深深，快点儿转过去，别闹。"

好在最后在他的逼迫下，我考得还算可以，跟着他来到了城里。

高一开学第一天，南柒拉着我的手说，"深深，我们努力以后一起去更大的城市好吗？"

我小鸡啄米似的点头，"你去哪儿，我就去哪儿。"

可是，张韶涵不是唱过吗？谁说过牵完手就算约定，但亲爱的那并不是爱情。

最怕的是时光拉长了我们的距离

高二分班后，苏夏走进我们的生活。

"好美！"这是南柒看到穿白色流苏长裙的苏夏的第一句话。我把纸巾递到南柒的眼前，他吓了一跳，"黎深深你干吗？"

"不好意思啊，打扰你看美女了，但是口水你也得擦擦啊！"我像个怨妇一样。

"无理取闹。"他丢下一句话，埋头看书了。

班主任重新排了座位，说是互帮互助。所以学习基础差的苏夏跟南柒坐在了一起，而我则跟小痞子一样的顾琛同桌。

"怎么，新同桌，舍不得离开你家南柒？"班里的人都知道我跟南柒是青梅竹马，大家也都喜欢打趣我们。

"哟？你这是羡慕嫉妒恨呢？怎么不服气没跟新来的美女同桌吧？谁让你学习差！"我用中性笔随手画了一条"三八线"，"别靠我太近，跟你不熟。"

顾琛被气得吹鼻子瞪眼的，"谁想靠近你？女汉子！"

我在这儿跟顾琛吵得不可开交，可南柒跟苏夏却你侬我侬地做题，看到这些，我的气就不打一处来。

有时候南柒跟苏夏也吵架，我知道他不是好好脾气先生，生起气来就倔得跟头牛似的，不爽就骂别人笨。他们吵架的原因也就那些，苏夏认为这道题是对的，而南柒偏说错了，并且帮她写出解题步骤，苏夏依旧不依不饶。

时光把我们的距离拉得很长很长，有从我的座位到他的座位那么长。

　　南柒跟我说他好像喜欢上了苏夏，问我怎么办。我没有回答，也不知如何回答。

　　我的成绩一落千丈，班主任多次把我叫到办公室。后来我犯了文艺病，到处参加作文竞赛，把理化生抛到九霄云外。

　　苏夏是艺术生，她把画画看得很重要，比成绩还要重要，她之所以会进入重点班，不过是被逼无奈。她那个有钱的老爸说，如果不努力学习，就终止她的画画生涯。后来经过南柒的调教，她变得爱学习，想要跟他考同一所大学。可是毕竟一个前五，一个倒一，这样的差距实在是太大。

　　进入高三，班主任不再实行互帮互助的制度，成绩不好的自己努力去吧，成绩好的就得拼了老命地学，怕互相影响，又把位子调开了。这一次，我与苏夏同桌。

　　了解后我才发现，苏夏是那种不小心把布娃娃掉到地上都会跟它说对不起的善良女生，难怪有那么多人喜欢她。不像我，小时候喜欢抓虫子吓班上胆小的男生，还把它们分尸！

　　南柒说我是一个好女孩儿，不应该就这样浑浑噩噩地过。他说要我找回以前那个努力的自己，考上一所好的大学。

　　可是南柒，你有没有想过，我那么努力，不都是为了能与你并肩吗？可是走到最后，你却留我一个人孤军奋战。

天亮说晚安

　　难得的一个周末，我和苏夏醒来，阳光已经照进来了，暖暖的。如果除去屋外的争吵的话，我想这应该是一个美好的早晨。

　　我刚想说些什么，苏夏对我做了一个唇语，示意我不要说话。她趿拉着拖鞋走出房间。

我听见苏夏的声音，先是很温柔地说话，后来变成怒吼，是歇斯底里的那种。她妈妈说，她实在过不下去了。他爸爸说，那就签字吧！苏夏说，她恨他们。所以后来她爸妈就这样结束了。

一个星期以来，我都陪着苏夏，一起上课，一起回她家。她妈妈搬走了，爸爸也不常回家。她说："我怎么感觉最近的菜都没有味道了呢？"

我笑笑说："对不起，我忘记放盐了。"

晚上我们聊到很晚才彼此道安睡去，天亮又顶着熊猫眼上课。

苏夏真的没有再跟南柒说话，我写字条告诉她，其实顾琛真的很喜欢你，上学期我跟他同桌，他人很好。

不知道是谁先开的口，顾琛和苏夏在一起了。班主任已经无心再管我们这些差生的事了，所以他们俩坐到一起，手握得紧紧的。南柒转过身看到这样的情景，总是眉头紧锁，然后继续做题。我说："黎深深你真是个小人。"说着就笑了。

百日誓师大会上，校长慷慨激昂地讲话，普通话里带着些许乡音，听起来很别扭。班主任推推眼镜，"真的是一眨眼的时间啊，三年就这么过去了。"所有人都被感染，包括苏夏、顾琛和我这样的差生。我们都没有说话，带着沉重的心情，比上坟还沉重的那种，自顾自地学习。因为我高一时基础好，花点儿精力还是把落下的课程都补上来了。第二次模拟考，我看见南柒和班主任欣慰的笑容。天气也越来越暖，所有人都摘掉围巾露出白皙的脖子，所有人都在努力。

我剥开一颗西瓜味糖果，真好，夏天又要来了。

分离的时候请挥手告别

有人说，每一次分离，都是为了更好的相聚。有人说，说再见的时候一定要用力挥手告别，因为不知道下一次还能不能再遇见。

我从考场走出来，所有人都聚在校园里，我刚好遇到南柒。

"怎么样？"

"还好咯！反正不会让自己失望。"我顿了顿，"嗯，其实苏夏喜欢的是你。"

"我知道，每个人心中都有一个特别的人。"

广播里放着离别的骊歌，有人哭了，有人笑了，有人紧紧相拥，也有人带着遗憾。

"喂，给我买水果糖吧！不同口味的。"

"行，真的是最后一次咯！"

我把所有的水果糖和糖衣放在一起，刚刚好五百二十颗，代表着我和南柒的整个青春。

尾 声

苏夏和顾琛去了同一个城市，我和南柒却背道而驰。也许这就是上天给我们的最好安排，可是我仍不甘心，毕竟，我们都是有梦想的人啊！

青梅枯萎，竹马老去，从此闪亮的只是那些夹在我书本间的糖衣。

尾座上的小尾巴

　　从小我就喜欢跟着父亲走,我才不管他是去干什么,去多远,多久回来,不带我的时候我就紧抱他的大腿,更厉害的是,我自己就能跳上自行车后座。父亲总是摸摸我的头,把我抱到大梁上坐着,又揽在怀里,说我是小尾巴,怎么也甩不掉。

尾座上的小尾巴

小 桐

微风轻轻地吹过脸颊，蛐蛐和青蛙唱着协奏曲。周五放学的脚步里，带着前所未有的轻松。

隐约的夕阳下，我看到人影攒动，那微微的议论声，干扰了这小路的静谧。

"车该受到多大的撞击啊，真不知道骑车的人怎么样了。"我听着人们的议论，快步从一旁走过去，眼神不经意地向人群中一瞥，目光却在那一刻定格，我怎么也没想到会是这样。

我怔怔地看着那辆自行车，车前轮的车圈凹进去瘪成了扇形，那车把上挂着的破旧的针织饭盒袋，那坐着硌屁股的大梁，曾载着我整个童年的尾座……

从小我就喜欢跟着父亲走，我才不管他是去干什么，去多远，多久回来，不带我的时候我就紧抱他的大腿，更厉害的是，我自己就能跳上自行车后座。父亲总是摸摸我的头，把我抱到大梁上坐着，又揽在怀里，说我是小尾巴，怎么也甩不掉。

某个飘雪的寒冬，我非要嚷着吃糖葫芦。母亲严厉地呵斥我："没看到大人们都在忙吗，谁给你买糖葫芦去？"我委屈地躲进屋子里，不再出声。过了没一会儿，父亲把我叫出去，他扶着自行车，胡子上还挂着霜，变戏法似的从口袋里掏出两串糖葫芦。我鼻子一酸，感觉眼睛里已经有东西在闪烁了，那不仅仅是一个孩子的喜悦与感动，还有暗自下定决心对父亲的爱。

可是年幼的我终究不懂什么是爱啊。

后来，父母离婚了，我和母亲一起生活，繁重的学业和距离，让我和父亲分隔开来。我不喜欢听任何关于两个人矛盾的种种控诉，也不喜欢做出任何关于分割的抉择，我只是逃避，于是就这样默默地和父亲分开，渐渐地不再联络。

那些年的回忆仿佛就像泡影，映出一个自责内疚的我，一个虚荣冷漠的我。

记得有次钱丢了，我哭着给妈妈打电话。终于在午休走路时一个有力的大手拍了拍我的肩膀，那本应该最温暖的瞬间却因为我的虚荣成为最尴尬的瞬间。我多么嫌弃那身因为工作而肮脏不堪的衣服，多么嫌弃那行走在路上就叮当作响的自行车。我没有说话，接过钱甚至没喊一声爸爸，我怕同学们多一秒钟的留意。其实我多么怀念父亲骑着自行车载着我的日子，那些并不富裕却闪着希望的日子。

我强忍着眼圈里的酸胀，去医院看父亲。那个陌生又太熟悉的父亲老了，皱纹越来越多了。见我到来，他因为疼痛而苍白的脸上还硬生生地挤出一丝笑意。

"小桐啊，爸爸好久没看到你啦，你长高了。"

"小桐啊，还记得吗？以前你就像个黏人的小尾巴，最喜欢跟着我了。现在长大了也懂事了，不黏人了。"

我走在乡间的小路上，打算回去看一看老家的老房子，回忆渐渐涌现在脑海，内疚慢慢爬上了心头，亲情是无论如何都不应该被分割的。父亲的自行车就这样报废在庭院中，后座上的小尾巴也留在了岁月的长河里，但我该长大了，该学会怎么爱他了。

网瘾老青年和毒舌小少女

邴格格

"你今天上学累不累呀？"

"……"

"中午吃得好不好呀？"

"……"

"哎，那边那个铁板鱿鱼你吃不吃呀？"

"……爸你别讨好我了，你上课的时候我会在家帮你打排位的。"

Part 1

"听说，打网游跟高智商的人更配哦！""并没有！！"第N+1次听见邴老师胡言乱语的理由，而他如此卖萌不过是为了在得个战绩的同时逃避给我讲题。

据说打游戏是邴老师从高中开始（想当初他还是个网瘾小青年）培养的爱好，并且是迄今为止坚持最长久的一项脑力活动。他曾经单方面决定将打游戏发展为家族事业，以至于我七岁开始替父挂号，十岁开始自力更生，如今熬到了在服务器里制霸的年头，已然成了一代女侠。可是今天，女侠准备退隐江湖躬耕于学业了。

今天天气真好啊,是个适合恶作剧的天儿。我心里暗爽,今天又能跟邴老师演一台相声。

"喂喂喂不要太过分啊!"看着我手里拔下来的网线,邴老师怒摔鼠标。

"喊!鼠标摔坏了你可得自己买。"我毫不动容地将他的笔记本电脑搬到我的书桌上,一只手死死地攥着网线插头,仿佛攥着一个能压住孙悟空的封印。"先给我讲题,不然我分分钟把你诛仙征途全卸掉,让你以后只能玩扫雷和植物大战僵尸。"

邴老师很委屈地坐在凳子上,跟个受气小孩似的把五官扭在一起,不情不愿地接过我手里的练习册。当时我上初二,正处在与数学相爱相杀剪不断理还乱的年纪。

"对角线这么连起来,这么一全等,再这么一相似,坐标往函数里这么一代入,中点不就这么出来了嘛,啊?这么简单的题都不会的大垃圾。"

"……爹你说人话。"

他翻愣着眼珠子接着损我,"相似没学过啊?中点坐标不会求啊?这都不知道我还讲个啥讲个啥讲个啥!"

"我咋知道你讲个啥。我是初中生啊!别用你那高中术语跟我拽。"

"咿呀呀小小年纪好大的口气!我就不信我这么天才的爸爸居然有个不会做题的丫头!"

……大战三百回合后,邴老师仍然骄傲地拒绝以一名初二学生的智商解答那道数学题,而我却节节败退,最终自学了我自定义的相似、中点坐标公式以及吧啦吧啦一堆东西(后来老师讲课的时候我才知道,自己自学的那些真是毫无用处),其中还忍受了邴老师的种种嫌弃与鄙夷。刻苦钻研了大约有半个世纪后,抬头看时——

他居然真的在玩植物大战僵尸。

Part 2

围裙妈妈真的是位伟大的妈妈，一边照顾我这个自理能力为零的元（傻）气少女，一边还要和邴老师那种用生命打游戏的老宅男斗智斗勇。有时我也暗猜，坐在同一间办公室里教育祖国小花朵的两位数学老师，是不是经常以研究教案的名义召开家庭会议呢？

可是围裙妈妈回到围裙姥姥家时，我和邴老师就跟被主人遗弃的仓鼠似的很不好过。

某个本该是工作日的早晨。

"喂喂喂，快起床啊！！！"我调动身体的全部细胞发出一声呐喊，同时拼命地用脚踹着床边那堵大白墙，确保墙那边床上的生命听到了来自这边生命的怒吼。那时我睁开眼是七点整，距离早自习开始还有半小时。

"你怎么才起？"邴老师走进餐厅一脸蒙圈地问我。

"你怎么才起？"我猛吞着面包反问，一块未经咀嚼的面包喷到地上，被仔仔（我的狗）高高兴兴地捡走当贮粮了。

"我又不着急，我八点的课。"

"……你难道不觉得你作为家里唯一一个男人应该肩负起送我上学的责任吗？！咱俩真的可以断绝父女关系了嗷嗷嗷！"

结果那天我就跟疯狂原始人似的上学去了。同桌问我发生了什么事。

"家庭变故。"我痛心疾首地告诉他。

Part 3

自从我在中考百天倒计时的时候跟邴老师促膝长谈过后，他便极端地开启了对我全天候的看守模式。我做题他盯着，我看书他提问，简直恨不得去学校旁听我们班老师课讲得如何。一周后，我终于败下阵来。

"爸爸你赶紧跨服打BOSS去呀，最近有活动哟！"

"你看，又跑神儿！专心做你作业！"

"……爹我活这么久还没听过'跑神儿'，那叫'走神儿'好吧？"

"……我活得比你久，我听过'跑神儿'你有意见？"

呵呵，今天的阳光真不错……郑老师，你难道不是因为我跟你促膝长谈的时候一失前蹄踩坏了路由器才赌气来找我决斗的？

"喂喂喂！我说你倒是学习啊？"

我若有所思地凝神看向窗外，"爸，我的灵魂已经顺着阳光爬下去了，我得去找她。"

Part 4

"哇哈哈哈，爸爸，今天有个男生跟我表白呐！"

"那男生比得上我一半？"

"……哥，咱们换个话题。"

这段对话其实是非常非常有故事的——

就在几天前，母上大人回围裙姥姥家了，只好由郑老师接我放学。

"爸爸今天你为什么一路上不跟我说话。"

"啊哈哈哈哈今天等你的时候有个奶奶让她孙女叫我哥哥，当时旁边的学生家长现在一定都以为我是你哥哥。自豪吧？有个这么帅的哥哥……你抓什么呢？"

其实我正认真地将一只手放在空中做探索状。

"我感受感受今天雾霾多严重，才对你起了这么好的美图效果……你看我脸上橘子皮似的疙瘩印是不是看不出来了？"话说那些"橘子皮"还是我自己总是作死抠脸上的痘痘才留下的痕迹。

邴老师无奈加气愤地眯着眼看了看我，道："看不清，等你把疙瘩都抠成火山口大概美图就没作用了。"

咿呀呀看这架势又要演一台相声？

于是我毫不服输地回道："爸爸你知道那些家长不会觉得我有个帅哥哥，他们只会说——现在社会上的小青年真是的，跑到初中来接小女生……"

看到邴老师一脸黑线，我很识趣地闭了嘴。不过我初中的最后几十天里，只要出了家门，我都管邴老师叫哥来着。

Part 5

邴老师虽然用生命在打游戏，不过还没有到玩物丧志的地步，我交到他手里的每一道难倒我的习题，他都会凭他聪明的脑瓜给我解答，只不过是时间早晚的问题。

唯独一点，我俩存在时差，很难面对面讲题。于是邴老师机智地将他的解题过程写在演算本上，我刚翻了翻，快有两大本了。我称之为"葵花宝典"。

我一直很认真地看他的解答，每天最神圣的时间就是回家后先颠颠儿地到他的"电脑室"取宝典，直到有一天我在一堆线段与角的符号之间找到了一个手绘的绘画气泡："若看不懂，找帅帅的爸爸。"旁边还附带一个暴漫的表情。

我很自觉地在他的气泡下画了另一个气泡，用红笔醒目地写着："帅帅是谁！"

当晚邴老师拿着本来责备我："你很破坏气氛啊！"

然而这并没有阻止他的自恋（我想人类阻止不了他）。之后，我又发现了许多诸如"伟大的爸爸""酷酷的爸爸""优秀的爸爸"等一系列词语。也就是说，我还有许多同父的兄弟？

不好意思，跑偏了。

Part 6

"你不敢让我发现你在学校的秘密？"那天邴老师突然莫名其妙来这么一句。

"什么？"

"我是说，你写文章为什么不用真名。"

"用什么？"

"邴格格啊。"

一只乌鸦从我头上飞过。"……我觉得这名字有点儿中二。"

"你你你这是在否定我取名字的水平！"

"你给我起的名字？那我说实话……你起名字的水平实在low，忍到今天没改名是我最大的包容。"

"不行不行，下回必须实名，要么……就用我给你起的笔名。"

"什么笔名？"

邴老师摸着下巴上的胡楂儿思考了好久。"你觉得'电光龙骑'和'冷月冰凤'哪个好一点儿？"（ps：这俩似乎是哪个单机网游里的角色？）

"……您的好友聪明美丽又善良的格格姑娘已下线。"

可我终究答应了。

我写过很多故事，女主要么是一个叫陈秋言的花痴迷妹，要么是一个叫白果儿的风云学姐，而我给自己也起了个很非主流的名字：无墨。我隐藏在她们身后，时间久了，居然有些淡忘了生活中的自己。只有这次，我决定只写自己。的确无墨，有的只是我的故事。

我和邴老师的交流并不多，大多时候是再普通不过的父女，只是偶尔他的脑回路会和我对接一下，发出一段高频高能的电波刻录在每天平静如流水的生活里。有时我想提笔写些有关父亲的东西，却无论如何想不出自己怎样才能用最浅淡的话语表达我最深沉的感情。我想，这也是一件很遗憾的事情，毕竟有些东西是只能一个人体会却无法分享的呀。

叫我用真名的建议他只平淡地谈过那一句，可我却似乎没办法不同意。

是啊，有时候，父亲是我生命中的一种不可抗力。

其实啊其实，我还有很多很多话要写，毕竟光阴那么久，怎么可能三言两语就说得清。可是我写到这的时候，却不得不停笔。我是要写段子的，不需要那么多煽情。我怕还没结尾自己就泪崩然后跟个不可理喻的悲情女主角似的趴在桌子上哭起来。

毕竟，我还是愿意做邴老师没法对付的那个毒舌小少女。

Part 7

写完了，我把初稿拿给邴老师看，以为他会被我感动到。邴老师："起来起来你挡住我屏幕了。"

What？！世界上居然有你这种不可救药的网瘾老青年！

谢谢你"冒着生命危险"
成为我们的家人

黄童鞋的米

一

我妈是个苦命人,她自己说的。

生了三个孩子,两男一女。男孩子都不是很健康,像犯了命里的某种不得告知的劫数。

大弟小名光光,五岁时还不会走路和说话,只会在地上爬着吐出模糊不清的字眼,并且伴随着流口水。我记得小时候在厅堂和他们一起午睡,我心心念念着早上妈妈去菜市场买来的无花果。我沉下心伺机出动,旁边两个弟弟一睡着,用手在他们脸上挥也没反应,我就猫着腰轻声往目的地赴去。水果是甜的,但是回来后的滋味是苦的,不知所措的。我看到光光手脚在抽搐,印象中嘴边有水流出来。生平第一次见,我以为他在玩,于是推他,他还是继续抖着,并且嘴唇泛着灰白。我还不太当真,当时年纪小,不懂得生大病是怎么一回事,也不觉得他会生大病,但觉得应该跟妈妈报告一下,就去了房间叫妈妈出来看。我妈忙按住我弟抽搐的手脚,抱起来给他喝水,然后打电话叫了我小姑丈来帮忙送去医院。

岁月有点儿久远，我记不清我妈当天是怎样的状态，是掩面哭泣，还是默不作声地担心着。医院不知道是不是尸位素餐，还是当时水平有限，都说查不出原因，于是我弟带着医院开的药就回来了。

医院的药吃了于事无补，我妈说这都是命，上辈子欠他的这辈子要来讨了。你知道，本来是一个看似健康的小孩儿，面临着不能痊愈的极大可能性，无论是父母还是作为家人的我们，一时半会儿都接受不了。我不知道爸妈是在怎样的情境下慢慢接受这个事实，我是到了什么时候，才能好好面对他不如意的缺陷，真正想要参与改善他的生活。

二

从医院回来以后，他注定了跟我们不一样。

我六岁去上学前班，问我爸光光是不是跟我一起去上学。我爸说，他还不够年龄，学校不收。第二年，我升入一年级，问我爸，我爸说，光光还不够乖，要再等一年。我明白地点了头。后来，我一年又一年周而复始地问我爸，我爸还是同样地说等他乖了再去。直到上五年级，我再一次说起这个话题，我爸以同样的套辞想敷衍我，我憋不住，煞白着脸问他是不是学校不收我弟弟，为什么不收他，病好不了他就不会乖吗。我爸像石像一般，一声不吭。那个时候，我才真正知道光光的病情不会有好转的希望。

我后来再大点儿，从电视上知道有残疾人专门就读的学校。我爸妈忙着工作顾家，嫌麻烦，又觉得去那种学校只会招人欺负，到底他还是错过了可以接受教育的机会。

小孩子总是很虚荣，你问我我也说不出确切的原因。同学到我家，问那个口齿不清，走路不稳，老是傻笑着凑过来的人是谁。我说是我弟，他们面露惊讶，张开嘴巴睁大眼睛，问为什么会这样云云。同学的反应让我讨厌有他这样的家人。后来，在路边别的同学见到我跟我弟在一起，问起，我便装作很自然地说是亲戚家的孩子，寄放在我家照顾。我也不知道当时我怎么想得出这样一个理由。同学来我家我不让光光靠近我们，我们在一个房间里做作业吃东西，房门锁住，他在外边捶打着，嚷嚷着想进来，无奈放他进来，恶狠狠瞪了他一眼，用力掐了一下他的肉。

他的肉被我们每人大力小力捶打掐着，导致以后他不听话打他他也感觉不到多大痛感，大抵是都被打得不知道痛了。

有一次，他想要跑出去玩，我爸担心他走路不稳出去摔倒——他的头确实被摔得都是大大小小的软硬的包——我爸把他大腿打骨折了，跑去骨科医院不敢接收，还是去市里的医院做了手术躺了一个月左右才回来。我妈咬牙切齿说我爸真狠心，对孩子下那么狠的手，没人性。我爸理屈词穷，只好在医院好生照顾光光。

光光经常去邻居家串门，跟他们家的小孩儿胡闹，小孩比他小很多，有时候不是很喜欢他，喜欢他的时候大多是因为光光给他东西吃跟他玩。隔壁家的年轻媳妇很凶，碍于亲戚关系，不好赶光光出门。她经常提防着他，怕他发疯打她家的孩子。邻居都以为他是傻子，只有我们家人相信，他只是个先天不幸的孩子，还是通晓事理的。我弟胆子小，经常被年轻媳妇的一声大吼，站着的身子一个激颤就摔倒了，脑袋瓜"砰"的一声磕在地上。我们家的小孩儿都摔倒磕过脑袋，我妈总是拿个大瓷碗，在肿包那里抹一些豆油，碗沿顺着肿包揉，痛得我们以后都不敢磕倒。可是没有谁摔倒磕到头的次数比光光还要多，家里摔，路上摔，邻居家里的楼梯摔。妈妈每次都恨铁不成钢的样子，说他再这样她就不回这个家了。可光光是先天脚步不稳，仍旧频频摔倒，我妈一说狠话，他知道是骗他的，咿呀地说："假的。"后来他整个头几乎都软软的，去医院检查，医生表示需要做手术。我妈哭着给他收拾换洗衣物，嘴里念念有词道"保佑保佑"。

不是谁都能扛起悲痛，我妈做到了。

三

我小学到初中在学校过得风生水起，担任班长和科代表还有手抄黑板的专业员。仅仅凭着优异的成绩，人际顺风顺水。到了高中，我受大人影响，觉得学生成绩比较重要，于是把班上职务都推托了。慢慢地人前没有那么热闹，体验到孤独寂寞的味道。星期六回家我跟光光热切地谈话吹水，有那么一个瞬间，我理解了他为什么那么喜欢粘着到家里来的客人，不论是我和我小弟的同学，还是爸妈的朋友。他需要朋友，需要热络，需要看到活蹦乱跳的生命，所以他想跑出去看看邻居们在做些什么。由于他的特殊，我们都以为不让他出去跑对他而言是最好的，排除了摔伤等意外，我们以为我们想得很周到细致，但却疏忽了作为一个有情感的人类，需要与人你来我往的互动。

他喜欢摆弄家里新近买的东西，零食、胶纸、祭祀的烧纸都被他每晚不知厌烦地搬出来归类、排放，就这样捣鼓一个多小时，而且这个时候电视一定要开，声音要大，我不知道他怎么养成这个古怪又可爱的习惯的。他手脚粗笨，有时候会弄坏一些东西，我们骂也骂了，但还是让他自娱其乐。光光对本地电视台的热衷程度，简直是骨灰级。熟悉掌握本地台节目播出时间，临近时间就打开电视搬好小凳子并且严格遵守我"看电视距离不得少于两米"的要求，一脸兴奋难耐，带着天真满足的眼神。

现在我也把他当宝疼，兴许是因为多年前捶打他感到内疚和亏欠。他也懂事了好多，但是依然孤单。巷子里的小孩儿又换了一轮，他还是没有玩伴儿，我们这些长大的孩子都有事去忙有学去读。他就像孤独患者，日复一日麻木，目光呆滞。

上次回到家他瘦得青筋暴起，眼睛越来越缺少灵光。往事一下子涌上心头，想起不成熟的过去，想要劝住记忆中女孩儿挥向一个眼睛闪闪发光的男孩儿的手。岁月以这种方式报应你的蛮横，你也不好过吧？

四

最近的心愿是希望他长胖和买东西给他,下次回家带上。

谢谢你,冒着"生命危险"奋不顾身成为我们的家人,教会老师没能教会我们的事。譬如,理解和爱。

请您保重直到时间尽头

理 椎

"可能是我的脚跳舞受伤之后肿掉了，穿布鞋都不好看了。"我再次把脚伸进那双新布鞋，跟你说。

"还是穿布鞋舒服。"你有些惋惜地把鞋接过去，用布包好放进布袋子里，那个布袋子怕是十年前的了吧，"那就放下吧，现在也再给你做不上几双了。"

你转身去厨房给我炒菜，没看见我把新布鞋拿出来放进书包里。

陪你的时间总是不能长到让你嫌我不听话，第二天我便回了县城。坐上小车的时候你一直笑着跟我摆手，不断地叮嘱我回去要好好学习。风吹起你的蓝色方巾，你站在那里像棵老树。那棵树越来越小，小到终于变成了一个点，我抹掉眼泪坐正，抱着的包里装满了你种的芹菜、豆角，还有那双布鞋。

到家后我告诉母亲你又做了一双新布鞋给我，拿出来就要试，脚伸进去并不好看，告诉母亲我脚肿了，没法儿穿布鞋。父亲过来看了一眼，"乔乔懂事，不说奶奶老了做的不好了，说自己脚肿了穿不了。"我转过身去，假装没有看到父亲泛红的眼眶。

是啊，你老了。

鞋柜里整整齐齐地摆了一排布鞋，从两三岁到十五六岁的，有的磨掉了漂亮的鞋沿，有的鞋底钉了皮底，有的是冬天的棉窝窝，有的是秋天的"一脚蹬"，更多的是最普通的红色方口布鞋。都不能穿了，可我舍不得扔，就放在那里。

从小就穿你做的鞋子，每个季节都会有新鞋。夏天最期待的就是从母亲手里接过新布鞋，迫不及待换上。"小心点儿穿啊！"母亲叮嘱。女孩子们都换上了新布鞋，都是最普通的样式，红边白底，没有绣花，配上白袜子，竟也好看得很。女孩子们在一起比谁的布鞋好看，我的总是夺魁，自豪地昂头说这是我奶奶做的，享受别人羡慕的眼神，这是你给我的荣耀。你做的布鞋跳皮筋跑步都好，母亲怕我太费鞋，总是在穿之前就给我钉上皮底，可这样还是一个夏天就穿掉一双。你闲着的时候总是拿出鞋底来纳，以前一下子就能抽出棉线，现在要费好大力气，最后你只好拿个老虎钳子拔。

刚上高中那会儿，我带了双你做的布鞋，准备平时穿。列队的时候我的红布鞋在一双双新奇漂亮的运动鞋里显得那么格格不入，陌生的环境让我难以适从，布鞋也只好留在宿舍当拖鞋。

但是最妥帖的，还是那双并不时尚的布鞋。

去北京参加比赛，为了演出效果特地换上了漂亮的皮鞋，可是当所有的不顺撞到一起不得不走来走去的时候，穿不惯皮鞋的脚疼得不行，不得不换上了布鞋——原本是带去当拖鞋的，走再远的路，也全是安心。同行的女孩儿羡慕我的布鞋，当年的自豪仿佛回来了，昂头告诉她这是我奶奶做的，一如当年那个骄傲单纯的女孩儿。我把这小小的骄傲同你分享，你笑得像个孩子。

可是再回去，已经看不到你褙鞋纳底了，你没力气了，我也很少再穿。

夏天来了，我开始往杯子里丢茴香茶叶。

"你的嘴一年四季都干着，还是多喝茴香茶，降火。"你说，递过来你泡好的一大瓶子茴香茶，瓶子是很久以前的罐头瓶子，边沿上已有了刮痕，小小的茴香的种子在水里上下起舞，开水很快被染成了黄色。我喜欢那一抹暖暖的黄色，也不怕烫，捧起杯子站在窗前，让阳光透过去。

你笑着看我，忘了给我去拿冰糖。

我拿起瓶子就要喝，你挡住我，递过来个小杯子，"女娃娃家拿大瓶子喝水多不好看。"

喝一大口在嘴里，我不禁皱了眉——乡里的水又苦又涩，茴香茶叶放到这样的水里也苦了起来。你拿着冰糖盒子过来，"人老了就不记事了，我们乡里的水是苦水，不放糖不能喝，你喝惯了城里的水，赶紧放些糖。"

那样又咸又苦的茴香茶，不也是儿时我最喜欢的你的味道吗？

异乡求学，嘴皮依旧是干的，泡些茴香茶，下课的时候喝一小杯，十分满足。同桌闻到香味，凑过来问我那是什么，"茴香茶。"递给她一杯，她端详着小小的茶叶很惊奇，兴致勃勃地给她讲茴香茶的功效，脑子里全都是你。

你用家里茴香地里的小茴香种子炒成茶，夏天泡一大瓶给我留着解渴消暑，玩累了的时候跑进屋子，喝上几大口茴香茶，幸福得不行。

虽然我一直知道茴香性温，并不消火。

我喜欢看你在地里摘棉花时移动的蓝方巾，喜欢跟着你去辨认野草野果；我喜欢你炒的茄子辣椒，喜欢坐在灶台前听你的故事；我喜欢你做针线时上下翻飞的手，喜欢对着窗子替你穿好掉线的针。我喜欢那时单纯的自己，我喜欢那时"刚气"的你，我喜欢那些跟在你身后叽叽喳喳的日子。

可是上小学我就到城里了，只有短得可怜的假期可以跟你在一起。而如今，我十六，在距离家四百多公里五个小时车程的地方上学，假期回去的时候，我才发现——

你近乎全白的发，你日渐模糊的眼，你的听不见我小声说话的耳朵，你缺了一个又一个的牙，你愈加佝偻的背，你身上越来越浓的膏药味，都在告诉我，你老了。你渴望我的陪伴而我却无能为力，你想要我给你打电话又担心我的学习说不上几句就匆匆挂掉，你把杏子摘下来一个一个去掉核晾成杏皮只是为了让错过新杏的我吃上家里的杏子，你把我的一点点成绩挂在嘴边同别人说起时又假装谦逊，你一遍又一遍嘱咐我要好好学习好好吃饭。出门的时候你塞给我一百块钱，让我拿上去买些好吃的，"奶奶也再给不上你啥了，把这钱拿去好好吃饭，好好学习。"

　　回学校之后给你打电话，你说你病了。我一下子急了，问你怎么那么不注意身体，你在电话那头有些委屈，又忙说不用担心让我好好学习。

　　可我怎么能不担心——这个年纪的老人禁不起折腾啊，我还没有吃够你做的饭，我还没好好陪你，我还没实现那些给你的承诺，习惯了把那些值得炫耀的事打电话告诉你，习惯了一放假赶回乡下看你，习惯了在小院里给你读书跳舞，习惯了在炕上铺上早已小得不行的褥子躺在你身边闻儿时最爱的味道。要是有一天你离开了……我不敢想。

　　请你保重啊，幼年时夸下的海口，我想一个一个给你实现。

　　"等我长大了，我要给奶奶买好吃的，我要给奶奶买漂亮衣服，我要给奶奶买楼房，我要带奶奶去看大海……"

　　　　（注：茴香茶是我家乡一种饮料，把小茴香种子炒成茶
　　叶泡水即可，没错就是"猪肉茴香馅"的"茴香"，想试试
　　的小朋友联系我就好啦！）

妈妈也曾是公主

阮 欢

那段日子我由于学业原因，周末放假时都住在离学校较近的姑姑家。姑姑家的情况不甚宽裕，房子也是因为她的儿子要上学而在学校附近临时租住的。我那个姑父呢，常年在外从来没有管过家里，反正在我的记忆里几乎没有这个人。

姑姑的儿子比我大一点儿，十四五岁，和我一样念初二。学习不是很好，姑姑对此很是苦恼，天天在他耳边唠叨，吃饭时在饭桌上说，睡觉前念叨几遍，就连她儿子洗脸时身后都会冒出一大堆话。"好好学好好学。""现在不好好学习长大啊能有啥用？""学习的时候用点心。"……

诸如此类的话作为旁观者的我耳朵都快听出茧子了，她儿子肯定早都习以为常了。当姑姑的嘴开始运作时他的大脑就会自动开启免打扰模式，这是一个非常智能化、人性化的功能，其表现形式为：低头、沉默、适时发出谦恭温顺的回应声。

可是那天她儿子的免打扰模式似乎坏掉了。

那天姑姑正在绣十字绣时，她儿子突然站起身向门外走去。"你去哪儿呀？"姑姑翻起眼皮瞥了他一眼，扯起嗓门问。

"出去玩。"他顿了顿，但并没有要停下脚步的意思。还没迈出再向前的一步，姑姑尖锐的嗓音就接住了上一句，"玩？作业做完了？

书上的东西都复习了？"像一堵墙，堵住了他往前走的道路。她儿子转过头冷冷地说了一句："我一会儿回来写。"

姑姑一听这话立马就把手上的十字绣放到一旁，站起身来，准备好好数落他一顿："一会儿写一会儿写，你准备把任务压到啥时候？"

说来说去也就是这几句话，姑姑站起来差她儿子一个头，光是在气势上就差了一大截，那张喋喋不休的嘴也没能扳回来。

"在学习上一点儿都不长心，啥时候能把玩的心放在学习上……"

"我说了回来写！你能不能不要管！"谁知姑姑的话还没讲完她儿子就大吼起来，"整天就学习学习学习，我不上学了行不行！"说完转过身，摔门而去。

姑姑尖锐中带点儿沙哑的唠叨声和他嚣张的大吼声混合在一起，充斥在这个本来就不大的房子里，像是每一丝声音都填进了空气里，使空气开始膨胀，似乎要顶裂天花板，整间屋子都在颤抖。

姑姑望着迅速消失在她视野里的背影，沉重地叹了口气，缓缓坐回到了椅子上。胳膊撑在椅把上双手按揉着太阳穴。她低着头，闭着眼睛，呼吸都变得沉重。

我不想说家长一生气一操心一着急一难过就会变得苍老这种文艺得有点儿虚假的话。但我的姑姑，我面前这个刚才还在神采奕奕绣着十字绣哼着歌的女人，现在看起来，真的疲惫无力得不成样子了。

刚才她儿子剑拔弩张地吼出那句"我不上学了"的时候，我看到姑姑的身子微微地趔趄了一下，她应该是很害怕她儿子有这种想法的吧。

下午妈妈打来电话时，她儿子依旧没有回来。简单汇报了我的情况之后，姑姑开始向妈妈倾诉今天的事情。她说她儿子是怎样的不认真不懂事；她说她儿子在学校的情况怎样怎样差怎样不努力；她说她儿子的性格是怎样古怪固执……眼泪开始在她脸上肆意横流，她的情绪变得波动声音变得哽咽。

"我就害怕他不想上学了，都不敢给他施加太重的压力，一再地鼓励、迁就他……"

"他不上学能干啥嘛，他长大了我也老了，到时候咋办呢……"

妈妈不知该说什么好，只能不断在电话那头用"没事没事，慢慢就长大懂事了"这句话来安慰她。

我一愣，吸了吸鼻子，不知道该做什么反应。

"慢慢就长大懂事了。"

"他长大了我也老了。"

这两句话一直在我的脑子里绕啊绕，挥之不去。

晚上姑姑做饭的时候她儿子风风火火地回来了，外面的事情好像让他忘掉了中午与母亲吵了一架，脚步轻盈心情似乎还不错。但前脚一进家门脸色忽地一下就变沉重了。

"豪豪帮我拿一下东西。"姑姑看到他回来之后，过了一会儿自然而然地叫他帮忙。她儿子默不作声地听从着她来来回回的差遣。我忽地就呆住了，对于母爱，我想我有了更深的理解。"吃饭了。"她边说着边把菜端上桌子，态度和气语气顺畅自然。看样子也不打算再把之前的事情继续下去。

如果没有她儿子(我是暂时住在姑姑家的，算作客人)，那么她在忙碌脱不开身做其他事的时候，她可以找谁来搭把手？如果没有她儿子，纵使有满桌饭菜但一个人又怎么吃得香？如果没有她儿子，谁来承受她漫漫长日中开心不开心的唠叨和抱怨？如果没有她儿子，谁来成为她期望和信念的寄托？

而恰恰在她生命中有了这样一个人，所以她把她所有能给予的精神上的生活上的全部，都给了他。

"他长大了我也就老了，到时候咋办呢。"

这句话如果理解成一个母亲不仅会害怕儿子没有一个很好的生活而自己又无能为力，其实她也担心，如果老了之后儿子没有足够宽阔的肩膀给自己依靠怎么办。

母爱也是有索取的吧。那么是为了索取到什么东西，才值得一个母亲把所有心力都灌注在孩子身上？

不由得又想起我的妈妈。

自我去寄宿学校上初中以后，妈妈似乎就变得特别粘我。每次回到家之后她都像变了一个人，也不知道是哪里变了，总之看我的眼神，总觉得在原来的基础上又多了一些东西。睡觉时她总要和我睡同一张床；吃饭时也有一搭没一句地跟我找话说；就连上街买东西时以前从来不会采取我的意见的她，现在也会扬起几种颜色的相同东西或衣服，问我买哪个好。我总是淡淡地瞥一眼，心不在焉地说随你便吧。她上一秒还闪烁的有些天真的眼神瞬间黯淡了下来，那次居然生气地抱怨了一句"你就一点儿也不管我"。

什么时候妈妈也需要我管她了？什么时候也需要我帮她拿拿不定的主意？

或许一直以来都需要，只不过原来的我太小，没有能力帮她做这些事罢了。

在你眼里她似乎无所不能，可是她再怎么强悍也只是个女人而已。她眼中多出的那一丝成分，是一种名为爱和依赖的物质吧。妈妈也是从一个需要宠爱需要呵护的小女孩儿长成的呢，她也曾是从一个天真任性的小姑娘一路跌跌撞撞成为一个中年人，成为另一个孩子的母亲。她身上年少时那种轻狂和戾气被时光消磨到你根本察觉不到，只有在面对自己最亲近的人时她才会渐渐显现出猫一般的本性。而那个她最爱最亲近的人，除了她的丈夫和她的父亲，那就是你啊——她的孩子。

记忆里妈妈很容易高兴。我考试考好了她高兴，我得了什么奖了她高兴，我记住她生日她也高兴。

我一点点独立一点点成长，我那越来越粘我越来越像小女儿一般的妈妈，慢慢变老了。

你笑着点头，我哭着挥手

未乘时光去

田潞潞

十三年前，我五岁，简直是个小疯子。

我大呼小叫惊飞一树栖息的倦鸟，你却教我哼唱古老的歌谣；我上房揭瓦撑得满院鸡飞狗跳，你却拉着我守在门槛上看西沉的太阳；我挥舞着树枝一连捣毁几个蚁窝，你却在地上画出房子和流云。我唯恐天下不乱，整天跟猴儿似的上蹿下跳，大院里能爬的树都被我爬了个遍，王阿姨家的金毛也能被我撑得嗷嗷叫。

我没心没肺地调皮捣蛋，没完没了地惹是生非。你说我不像个姑娘，蛮横又霸道。

在幼儿园里，我因为一个橘子和又高又壮的男孩子起了争执，他仗着比我高出两个脑袋的身高优势对我大喊大叫。你家姑娘哪里是个吃亏的主？在他拽疼了我的头发后，我毫不犹豫地扑上去……虽然自己也被打得鼻青脸肿，但却因此一举成名——成就了"小霸王"的名号，也成为园长批评的反面典型。

晚上男孩子的父母气急败坏，登门来兴师问罪。你把我紧紧地护在身后，镇定自若地与他们周旋。我躲在你身后，偷偷抬头看着你并不厚实的背影，觉得你真是一个大英雄。那晚你费尽口舌才劝走那凶神恶煞的一家人。关上门后你蹲在我面前。我笑嘻嘻地看着你："我没哭哦！没出息的人才哭！"你低声应着，用颤抖的冰凉的指腹抚过我脸上的瘀青，却突然掉了眼泪。

我在你身边肆意地成长，转眼就到了该上学的年纪。我被父母接走，上了小学后和你见面的机会自然也少了。再见到你时觉得你瘦了许多，让你多吃点儿鸡鱼肉蛋补补身子，你却总是不肯。

那年夏天我们一起去北京旅游，你兴致勃勃地爬上了长城，手扶清凉的青石砖，仰望飞云过天，俯瞰苍茫人寰。这一年你七十六岁，和我一起站在高山之巅，你头上的银发在阳光下闪动着耀眼的光芒，深深的皱纹里溢满了笑意。你有些得意地对我说："阿婆还年轻得很啊！"我想起你在广场上挥动着红扇子步步生风的样子，不禁连连点头。

你还和我约定，来年再爬长城。可是这个约定最终也没能实现。

噩梦是突如其来的。你病倒了，住进了医院。那些穿白大褂的人说你是胃癌晚期，我不相信。叫我怎么去相信呢？不久前你还在广场上翩翩起舞，博得无数人叫好呢？你是那样一个生机勃勃的老太太啊！

可你居然真的就这样迅速消瘦下去了，开始没日没夜地呕吐，甚至无法进食，只能靠输液来维持生命。

我去医院看你时，你正躺在病床上安静地闭着眼睛，已经瘦得脱形。我像你从前牵着我那样温柔地握着你的手，你手上凸出的关节硌得我生疼，我强忍泪意絮絮叨叨地跟你说着话，也不管是不是语无伦次："阿婆你忘了吗，咱俩说好要一起爬长城的？快点儿好起来吧，我知道你是在跟我闹着玩呢……"我分明看见你眼角有泪滑过，滴落在枕头上，也重重地砸在我心里……泪水弥漫开来，氤氲成一片绝望的海。

后来，你还是去了。

我在一个个寒冷的夜里梦见那个把我护在身后的略微单薄的背影，梦见鹤发童颜的你咧着嘴冲我微笑，"我们玩个游戏吧，名字叫作'假装我们还在一起'。"

"逝川流水不绝，而水非原模样。淤水处浮起水泡，忽灭忽生，哪曾有久存之例。世间人和居皆若此。"鸭长明在《方丈记》的开篇这样写道。当我读到这句话时，你已经离开我两个年头。

那是数十年来最热的一个夏天,我终于决定履行约定,去了长城。

这一天,热浪灼人,暑气蒸腾,我汗流浃背地爬上长城,趴在城墙上向下看,林海花潮都没变,唯独当初陪我站在山巅的人不在了。最爱我的那个人去了,连同她的声音,她的笑语。从此我再惹出是非,再也没有二话不说就将我护在身后的人了。直到这一刻,我才不得不承认你已经离去。像是终于找到了一个缺口,眼泪决堤,我蹲在地上号啕大哭,引得游人纷纷侧目。明晃晃的日光,我泪眼模糊,恍惚之中却听见你愤愤地骂我:"真没出息!"

春去秋来,我不动声色地长大,敛去了顽劣的性子,渐渐变成了你心目中女孩子应有的样子,开始学着低声讲话,温柔地笑,写一些伤春悲秋的句子,却始终不敢提起你。

当记忆的闸门开启,我与你的过往便呼啸着翻涌而来,它们重重地击打着我,几乎要把我湮没。只因怕触及那些尘封的往事,我才迟迟不敢将无声的记忆搅扰,却没有料到你始终停留在了这片记忆里,没有乘着时光离我而去,依旧可以轻易地触痛我的神经。

追忆至此,我几乎连笔都握不稳,泪水再次汹涌而下……

喂，谁敢动我姐

末 之

谁会保护你，不计得失代价？嗯……好像他会耶！

弟弟的班主任打电话来，让家长去学校。

老妈在电话里让我代替她去，留下一句话：看着你弟弟。便和老爸潇洒地搭上飞北京的旅程。

我到弟弟学校的时候，他正在办公室角落安静地坐着，头发凌乱，衣服脏兮兮，旁边还有几个男同学脸上青一块紫一块。

一番道歉教育后，我把他拎出办公室，正想发飙，他突然嬉皮笑脸地把左肩膀甩到我面前。

手断了。上不了课了。送我去医院吧。

你说我怎么会摊上你这样一个弟弟？

我把药和病历本甩给他，气急败坏地离开医院。

第二天早读期间，有同学过来八卦：小谢同学，昨天下午请假是去约会啊？我可是看到了，你们在医院走出来哦。只是奇怪了，哪有人约会去医院的？

what？！

我手中的课本差点儿被我甩上天：他是我的债主好吗？我肯定是上辈子干了什么十恶不赦大逆不道天理难容的事情，这辈子才会遇到这样的弟弟。

想起昨天的折腾我差点儿按捺不住怒火，而这仅仅是这些年来谢泫给我惹的麻烦清单上微不足道的小事。

读小学的时候，他在我的奖状上画了很多只乌龟，害我哭了几天。

初中刚开学，在操场打个篮球他都可以和隔壁班的学生干一架，老爸惩罚他没收鼠标，结果我也没得玩电脑。

爸妈不在家时，他经常会在我挑灯夜读勤奋学习的时候拿衣叉戳我的窗户，喊我去煮消夜。

即使我无视他的电话，不理他的微信，他都可以若无其事地在窗那边呐喊：我的谢淇姑奶奶，沐浴露没有了，下楼去买呗。

估计我上辈子，真心做了不可饶恕的事情吧。

隔壁班有个女生，我们一起负责校门口的宣传报，本来合作挺愉快，最近她却不知抽什么风，态度恶劣，总是和我意见不合。

这天放学，我正在写宣传文字，她在旁边，众目睽睽之下，开始挑我的毛病，居高临下的态度，尖酸带刺的语气。我是个走中庸之道的小女子，虽然心里很想顶她，但多一事不如少一事，我还是不动声色乖乖地低着头聆听她数落我的错误，继续写我的字。

同学，你的东西掉了哦。

谢泫突然无声无息出现，他走过来，弯下腰捡起一张明信片，拿起来端详了一阵。

"原来是情书啊。写着爱你的某某某。美女，哦，不，你也不美。长得这么对不起群众也有人爱慕，真是难能可贵。"谢泫对着那个女生一个劲儿地喷。

路过的同学捂着嘴边走边笑。那女生的脸瞬间绿得和鹦鹉一样，她气急败坏地推开谢泫，边走回教学楼边嚷嚷："神经病！"

我问他，"怎么跑过来我学校？"他晃晃手中的明信片。

"老妈寄回来的。上面写着要我们好好吃饭。嘿嘿,晚上我想吃大餐。来接你放学呗。"

说罢,利索地帮我收拾散落一地的粉笔和资料。

那晚我心情比较好,吃完自助餐,破天荒第一次请谢泫去唱K,他兴奋地拨通电话:"兄弟,我姐请唱歌!来!"

可是去到K房我又后悔了。他简直就是点唱机,我的S.H.E和Twins的歌,哪一首他都要来和我抢唱。

我差点儿要把麦塞他嘴里,用麦线捆紧他双手双脚,丢到角落边凉快。

谢泫同班的一个男生坐到我旁边,凑近我耳朵说道:"你弟对你真好!"

我哼了他一声,翻了好几个白眼给他。

爸妈的周年庆旅行结束了。周末的时候我和谢泫去机场接他们,粗心的我竟把家里的钥匙掉在半路,更糟糕的是我完全不记得在哪个地方落下了。

谢泫不知道跑哪里去了。爸妈从出口走出来,大包小袋,一脸的春光满面,甜蜜满满。

我迎上去帮忙拿包。

"家里没发生什么事吧?"老爸问。

"嗯。"我心虚地回答。

"你弟呢?"老妈四处张望。

这时谢泫不知从何处钻出来,一脸撒娇。

"亲爱的妈咪,我的手信呢?有没有特产啊?"

老妈一脸溺宠地挽着谢泫的手,笑得和花朵一样说道,"有有有,回家拆礼物。"

"老姐,拿着。"谢泫突然把一串钥匙丢给我,上面吊着乔巴的小模型,正是我遗失的钥匙。

"怎么在你这里?"我大吃一惊。

"你欠我一个大人情，礼物我要大份的！"

他呵呵呵地贼笑。

后来我才知道，平日里吊儿郎当的谢泫，虽然读书不佳，却在技校混出了极好的人缘。

那天他知道我弄丢了钥匙，在班群发了一条微信，把家到机场的路线图发给了他的同学。在各个路段的位置，都有他的人在地上帮我寻找那串钥匙，终于在一个公交站台的角落找到。原来我们换乘公交时，我在掏公交卡上车时掉落了……

我曾经认为，谢泫是上天安排的九九八十一难，是玫瑰的刺，是我生活里最不想理睬的人。

我曾经哭红了眼睛问爸爸妈妈，为什么要生弟弟。

他从来不让我安安静静地看会电视，总是使唤我干家务，买零食，帮他写作业。他总是没大没小地直呼我的名字。他总是没完没了地给我制造麻烦。

可如今，我竟然开始觉得，有他在，我的生活也没那么糟糕。

记得小时候有一次在小区里玩耍，有个大胖小子欺负我是女孩子不让我玩滑梯，谢泫那时还只是个小不点儿，他冲上去对小胖子吼道："不准你动我姐……"

现在想起，竟有点儿小感动。

我愿用我的一切换她岁月长留

依 林

1

"快起来吃饭！"

我不满地嘟囔了几句，但还是从床上懒洋洋地起来了。

老妈边把烧茄子夹到我的碗里边说："多吃点儿，这是你最喜欢吃的菜。"

"妈，跟你说过多少遍了，烧茄子是我小时候喜欢吃的菜，我现在不那么喜欢吃了。"她一愣，然后含糊地说："是啊，毕竟我离开你的时间这么长，竟然忘记了口味也是会改变的。"

我没有说话。在还没有庆祝我的十一岁生日的时候她去了广州。前年她才回到沈阳。高三那年填报志愿的时候我选择了她所在的城市，在没课的周末我总会坐十几站的公交车来见她。

她尽量克制自己语调的紧张，然后说："下个星期单位调我去大连工作，可能元旦才能回来，你不用再来看我了。"

我冷笑了一声："你就这么讨厌我是吗？"从她的漆黑的眼眸中，我看到了她的无可奈何，而我的心也已经跌进去了，其实我不知道自己为什么要说这句话。

她沉默了良久，才吐出了一句话："别怨妈妈。"

我试图转移话题，跟她聊着一些发生在学校里无关紧要的小事，吃完早饭，与她道别，坐上了回学校的公交车。

那天下午上课的时候，口袋里的手机振了振，我看到了她发来的短信："好好照顾自己，给你打了三百元的生活费，想吃什么就自己买什么。"

我回了一条短信，只有三个字——"谢谢妈"。

晚上七点的时候，我被老师叫到了办公室，此时二姨正站在老师的旁边。

此时我才从二姨口中知道了关于老妈的噩耗：老妈被诊断出癌症！上次之所以骗我去大连打工了，就是害怕影响我的学习，而她自己却要默默地承受病痛的折磨。

我在那一刻才突然理解了她这么多年来所经历的痛楚，没有任何人的嘘寒问暖，就连唯一的孩子也不在身边，只剩她一个人在广州，孤单、寂寞。生病的时候没有人照顾她，难过的时候甚至没有人可以借给她肩膀得以依靠。

我想是时候该去承担我的责任了，老妈，现在就换我来照顾你吧！

2

第二天，我从浑南一路坐车到辽宁省肿瘤医院。

我缓慢地挪动着脚步走到她的病床前，紧紧地握住了她的手，眼泪像是断了线的珠子从脸颊一颗一颗地滑下来。

她笑了笑，反而安慰我说："对床的二十来岁小姑娘是乳腺癌，已经做完手术了，医生说她不久后就能出院了。还有新闻上说一个七十来岁的老奶奶是癌症晚期，她活了一百多岁才去世的。我没什么大碍的，你不用担心我。"

我从抽屉里拿出一把木梳，"妈，我给你梳头吧。"

我有多久没给她梳过头了。六岁那年是我第一次给她梳头，当木梳对着她的乌黑长发向空中扬起，即便因为笨拙的动作三番五次地扯掉了她的几根长发，她都没有生气，只是很平静地说："我喜欢你给妈梳头。" 小时候我就喜欢坐在她的旁边，只要她不开口撵我走我就可以一直陪着她。

"妈妈竟然错过了你的成长，这么多年了，我心里一直挂念你。"

"妈，我也是，以前小的时候看到别的孩子牵着爸爸的手还有妈妈的手，我是多么羡慕啊！"

"妈，以后我们再也不分开了好吗？"

说着说着，当我回过头时，发现她已经睡着了。我看着她的睡脸，悄悄地在她的发际处给了她轻轻的一吻，然后我把从庙里求的护身符轻轻地戴在她的脖子上。

我紧紧地抱住了她，听着她的心跳，紧接着好像有泪水似的东西顺着头发滑到了我的脸上，我慢慢地睡着了。

3

老爸闻讯从家乡来到这里看望老妈。

那是他们相敬如宾的生活里仅有的也是空前盛大的争吵，她歇斯底里地吼着："你去找她啊，别以为我不知道你在外面干的破事。"

那个女人也就是我现在口中称为"曲姨"的人，我爸在长春出差的那段时间跟这个女人过了段很是缠绵的日子，以至于妈妈在服装店里面对着这个女人大骂，还挨了我老爸的一个巴掌。她走的时候天空落起了雨，绵绵的细雨像冰冷的针洒了一地，带着逼人的寒气。我天真地以为她很快就会回来的，可是我盼星星盼月亮，只盼到了她和我老爸的一张离婚协议书。

所有岁月中我们以为难以忘记的往事，都在时光变迁中懂得慢慢释怀，现在的他们不再恶言相向，虽然彼此尴尬，至少能心平气和地坐下聊些往事。

　　老爸把我叫了出去，他问："你妈的病情怎么样？"

　　其实我也不知道良性的还是恶性的，"明天病理结果就能出来了。"

　　他愣了愣，然后似乎一下子陷入久远的往事，他说："那年她急性阑尾炎，也做过一次手术，我相信她这次依旧会平安无事的。"

　　我疑惑地问："我怎么不知道？"

　　"那年你还小，你妈就没让我告诉你。"

　　"她总是这样，不管什么事情她都想一个人扛着，包括这次她生病也是我二姨告诉我的。"

　　老爸说："这也是我爱上你老妈的原因之一。"

　　我问老爸："你还爱她吗？"

　　老爸沉默了一会儿，然后说："曾经爱过。"

4

　　今天是老妈病理报告结果出来的日子，医生把我和老爸叫到了办公室。

　　"她的病情不太乐观，三级，恶性，需要做手术和化疗，以后可能存在复发的危险。"

　　"恶性肿瘤，俗称癌症，在医学上，癌是指起源于上皮组织的恶性肿瘤，是恶性肿瘤中最常见的一类。"

　　百度的第一句话就把我镇住了，我再也看不下去了，合上手机，四周是一片黑暗。

　　手术前一天，要剃头。老妈坐在长廊的椅子上，医师拿着推剪从她的后脑勺划到额头，大把大把的乌黑长发簌簌地掉在她胸前披着的白布上。老爸默默地注视着这一切，然后找了个借口出去抽烟。

我在那一刻终于忍不地哭了，你看，她最爱的头发掉光了，我和老爸再也不能给她梳头发了，她变得不再完美了，但就是这样一个不完美的人才有了不完美的我。

5

今天是老妈做手术的日子，我坐在病床上跟她聊天。

"妈，你一定会没事的。"我突然想到那个黄昏，目送她离开的我哭红了眼跑出了家门，也是像现在这样紧紧地抓住她的手，只是这一次我再也不能让她离开我了。

我和老爸推着病床，穿过冰冷的长廊，我忽然感到这条长廊竟然是那么的漫长。

当我们走出病房外，我问老爸："老妈的手术能顺利吗？"老爸对我说："她一定能平安脱险的。"

我很感谢他的乐观态度，同时默默地对自己说，她这么坚强，护身符一定会保佑她的。

以前曾经有人问过我最爱的人是谁，我那时候很清楚地告诉她我不知道。我没有最爱的人，因为那时候的我极度缺少关怀，就像是一只被随意丢弃的小野猫。可是现在如果再有人问我你最爱的人是谁，我一定毫不犹豫地告诉她，我最爱我的妈妈。

漫长的五个小时，老爸抽了一根又一根烟。他在门外焦急地徘徊，虽然什么也看不到。

终于，母亲被推出了出来，她的鼻孔里插满氧气管，脸色苍白，面无表情。

医生说："恭喜，手术很成功，接下来是为期三个月的化疗了。"

"老妈，你听见了吗？医生说你手术很成功。"

我想哭，但我已经流不出任何眼泪了。

在老爸和我的悉心照顾下，她的身体已经渐渐恢复了。在漫长的化疗过程中，她一直很坚强，积极配合着医生的治疗，就在去年九月份，她终于出院了，目前她在家安心静养。

干了这碗鸡汤

　　在与岁月握手言和之前,我也是个同时光针锋相对的深度鸡汤癌患者。
　　出门前要对自己微笑,因为坚信爱笑的女孩儿一定会有好运,虽然这常常直接成了我迟到的理由;坐公交一定要靠在车窗上,在人潮中看起起落落,当然其中被车窗磕到脑子的痛苦自然不想提;满脑子都是玛丽苏的情节,相信努力就有回报一夜成名的豆腐块小故事,却不愿相信有光的地方总有黑暗……

干了这碗鸡汤

蓝格子

在与岁月握手言和之前,我也是个同时光针锋相对的深度鸡汤癌患者。

出门前要对自己微笑,因为坚信爱笑的女孩儿一定会有好运,虽然这常常直接成为我迟到的理由;坐公交一定要靠在车窗上,在人潮中看起起落落,当然其中被车窗磕到脑子的痛苦自然不想提;满脑子都是玛丽苏的情节,相信努力就有回报一夜成名的豆腐块小故事,却不愿相信有光的地方总有黑暗;看各种励志故事,将某句话摘抄到本子上幻想每天会被某个志同道合的异性看见缓缓来上一句"原来你也在这里",虽然更多时候都会被无意中看见的父母盘问个究竟。

当然,这些琐碎的细节并不算什么,我认为这些年中我受鸡汤影响最严重的事情莫过于旅行这件小事了。

穷游是一种生活方式,我不知道这句话是谁和我提起过,然后我就坚定地带着这个理念上路了。去景点坐火车前一定要发条微博感叹现世安稳,岁月静好,顺带发个定位来显示一下地点,面对底下众多羡慕的评论自然要淡定地回上一句"只要你想也可以",重点之处在于一定要配上一个微笑的表情,看似淡定实则内心的鄙夷都快要溢出来。当天,一定要在当天晚上发上几句旅行的感言,大致内容是介绍一下今天遇见的人和事,透露出自己一直在路上的自豪感,并且总结一下人生声称自己会一直坚持去遇见不同的风景。当然后几天就不用太张扬了,只需要认真拍照修图存下来以备最后的相册之用就可以了，等到最后建立相册时精华之处在于一定要再次总结一下旅行经历，并配上一句"再见，××"。以上这些便是曾经鸡汤癌患者蓝格子的日常了，现在可以编书为"蓝格子旅游装×日常"。

可能你会问我快乐吗？当然作为新时代的萌少女，我早就发现了这个问题并且给了自己一个否定的答案。我开始思考最重要的一点，我的快乐究竟从何而来，朋友圈的点赞还是空间的访问量呢？我的旅行又是为了什么，别人的赞语还是空间里满满的相册呢？不瞒你们说，这件事情我纠结了很久，终于在某一天有了答案，当然那不是一个晴空万里的特殊日子，只是于我意义非凡。

国庆的时候去了一趟长沙，在人山人海里看风景。那晚我和小伙伴去看了橘子洲的烟花晚会，盛况空前。我们和江西赶来的一家人聊天，同几岁大的小孩子打闹，坐在草坪上聊天，从头至尾没有拿过手机，突然在现实世界里安置了下来。那场旅行应该是这一年中我最快乐的一次，甚至于每次出青旅门口时我都会跟我闺密说上一句，"我现在开心得想在大街上翻滚。"回来后，我开始准备机构的招新，同小鲜肉们聊天介绍，忙着创业大赛，想要走上CEO的大路，忙得不可开交，偶尔还会选择逃课来睡上一个好觉。

某个深夜，我看着一堆的策划方案和摆在桌子上凌乱的名单表，我的未来好像就同他们一样，杂乱无章的选择都堆在一起，却不知道哪里才是出路，可也正是因为迷茫而坚定，毕竟这些选择都是我的热爱，无论哪条路走下去都会看到不一样的风景吧。

我已经很久不看鸡汤，也很少再给别人灌鸡汤。可真正想来，我是不反感那些励志文字的，只是，选择一个适合你的吧，或者说一直喝鸡汤大口地灌下去而不选择一个合适的勺子，迟早有一天会烫到自己的。

当然，努力才是最好的鸡汤，不说太多话只做事才是最好的鸡汤。

啊！对不起，最后我还是给你们盛了一碗鸡汤，那，干了它吧，然后好好上路。

当道理遇上现实

许安然

秀那天突然跟我说要过来找我，在我这边暂住几天。

等我下班吃完饭她也刚好到公交站，怕她走错，我让她站着别动等我过去找她，然后屁颠儿屁颠儿地穿上拖鞋就往公交站跑。

我闭口不问她怎么过来了，我猜她想说的时候一定会告诉我的。

网上不是很流行一段话吗？你不问，我不说，这就是距离；你问了，我不说，这就是隔阂；你问了，我说了，这就是信任；你不问，我说了，这就是依赖。

我忍住没问，看她整理衣服、洗漱，她随口嫌弃我糟蹋了一头乌黑的长发，画了一个毛毛虫似的眉毛，之后便沉默不语地玩起手机。

她突然说："安然你还是老样子，明知道我过来肯定是发生了什么事，却一直闭口不问，有时候我多希望你主动问候一句'怎么了''还好吗'，这样我也就能顺理成章地告诉你我的近况，不会怕你不想知道。你一直觉得不联系不代表忘记这是真理，可是你发现因为你的不联系而导致朋友之间的生疏吗？"

一瞬间，我竟不知该如何接茬。

其实微博里总是能刷出很多哲理，过去我也一直深信不疑。比如，我会用"你不问我不说"当作信条衡量友情；也会复制粘贴"好男友准则"发送给男朋友……好像，我一直很相信这些。

秀说完，深深地看了我一眼，然后继续低头鼓捣手机，皱着眉头，眼圈红红的。

我突然明白，其实每个人生哲理都那么主观。

他们的现实和自己的不一样，他们的朋友和自己的朋友不是同一个人，我拿别人的标准去评判自己的身边人，好像并不公平。

每个人的轨迹和际遇都不一样，不是深陷其中又怎么会知道自己经历的究竟是怎么一回事。

我弟回了一趟家，教会了我爸玩微信，当他加我为好友的时候，我没立马同意而是直奔朋友圈删了那些不能让他看见的状态，留下几条无关痛痒的记录，然后才接受他为好友。

他是一个特别认真的人，我们平日里习惯了打字快速难免出现几个错别字或者跟上"潮流"写谐音字，他总会严肃地批评我"一个读了书的人还写错字，读书读到哪去了"，总觉得朋友圈里面的小抱怨说不定就是给自己埋下的雷。

自从学会玩微信之后他时不时会分享"成功学""品德标准""怎样养成好习惯"这类的文章给我们看，若是发到家族群里我通常不予理睬，毕竟还有我弟那个捧场王会吱声，要是分享到了朋友圈就点个赞表示已阅读。其中内容我闭眼睛也能猜出大概不想浪费流量再点进去……

加了父母微信，朋友圈就开始被成功、努力、孝顺这些词刷屏。

某日打电话回家聊家常，他说："你们不在群里聊天了，也没见更新朋友圈，也不知道你们近来的情况，大家都各处一地，想多了解你们的近况，看看过得好不好……"

从那以后没事的时候我和弟弟会在群里喊几句，一个月也会发个四五条励志青年应有的状态，偶尔分享好的文章到朋友圈，每次下面都有一众好友吐槽我的励志路，我只是笑着回应"朋友圈有爹在，发点鸡汤让他老人家补一补！"对！至少他心里会觉得这个闺女现在是积极向上的有志青年！

鸡汤无处不在，只是不是每一碗都适合喝。在这个复杂又简单矛盾遍布的现实里，有多少人是道理我都懂，但是臣妾做不到。

各按其时成为美好

椿 萧

上个月我去扬州的时候,和许多年未见的林姑娘碰面了。

我们刚认识的时候才十五六岁。她在做一本电子杂志,在网络上招募文编、美编,如今我已不能准确地想起当初是什么因由,让我颠颠地跑过去加她好友,告诉她我要加入杂志社。当时她问我会做什么,我哼唧了半天,说我应该可以做美编。

你知道,当时我只是拿着铅笔在纸上画一些古代美人的长衫广袖,而对美编的职责半点儿认知都没有。之后的小半个月,我每天蹲守在网吧里看PS的视频教学。在杂志第一期上线发布之后,我才跟群里小伙伴坦白吹嘘,我是如何凭借着天资聪颖在两周时间为一篇文字配图成功。

杂志陆陆续续做了第二期、第三期,我对林姑娘从最初的羡慕崇拜到成为无话不谈的好朋友。这期间我跟她学到了非常非常多的东西,对文字的排版,图片的修整,以及把一页页的图片编码配乐做成杂志发布。毕竟在第一期里为一首诗配图也算不上什么本事,只是我选的原图比较赞而已。

林姑娘谈恋爱的时候,把杂志交给了我做。后来升学复习考试,杂志就不了了之。

但是我和林姑娘的交集还在继续,我给她写很长很长的情书,她给我打电话听南方的细雨霏微，淅沥沥的一滴滴落在青瓦上。我们手机里存着对方发来的几百条信息，QQ上分享隔着千里的两个城市的天气，发生在生活中的大大小小的事，吃到的美食，看过的电影，喜欢的大学和想去的地方。

后来，林姑娘的男朋友高考失意，她便不顾众人的反对，同他一起复习，辍学，参加工作。很奇怪她没有因为生长于南方，而性格柔弱温和，反而同我一样喜欢仗剑江湖的疏狂。

但她这个决定气得我一度威胁要跟她绝交。

她的第一份工作是咖啡厅的服务员，职责是每天站在不同客人的身侧，安静地等着她们点单，再把饮品送到客人面前。重复，枯燥又无聊。

那段时间我们聊天时，我反复地询问她，"你什么时候回去念书？"

她没有再回复。我也不理解，"以后的十年二十年五十年，亲爱的林姑娘你都要做一个可以被人任意替换掉的，没有任何意义和价值的服务生，只为了微薄的薪水和一个男生，值得吗？"

吵架的次数越来越多，渐渐地她就跟我少了联系。我们开始成为彼此好友列表里的僵尸人物，只是在改墓志铭的时候知晓对方的一些近态。

没多久之后，我加入了一个网络文学社里做电子杂志，会美工会做杂志，还能在矫情的时候写两篇文字，身兼数职自我感觉好得不得了，在群里横行霸道，欺负女生调戏男生的模样应该一度让人很讨厌。可是那时候身边有那么许多人围着转，又因年少，胡闹放纵，和人吵架，从来把要赢奉为真理。

我们对世界对生活的认知，是会随着年龄的增长而改变，无须其他的助攻力量。年岁长了一些，又长一些，慢慢地自然知道要收敛性情，好好念书。

几年前，我第一次独自出门旅行，目的地是林姑娘的故乡，那个温婉的枕水千年的江南水乡。我在那里跟林姑娘打电话的时候，她在更远的地方哭着跟我说，她分手了。特别俗套的移情别恋的故事。

我依旧想问她辍学、远走、这些年的托付都值得吗？可是，却只能跟她一样，握着手机心疼地哭。

我一直以为她本可以拥有更好的生活，像我们曾经说过的那样，携酒行走世间的大好河山，去过快意恩仇的潇洒人生。

我说："那也是我所期望的模样，并且在为之努力。"

去年认识一个机智超群、少年老成的十九岁的在读研究生后，我一直跟人家说，"合适的年纪做适合的事。不要急着去长大，急着去成熟，当下你觉得生活所亏欠于你的，时间都会慢慢地偿还给你。"

少时茫然，读一室闲书又胡闹放纵。到后来，二十多岁开始谈恋爱，一谈多少年多少段，用另一种方式阅读这人世。等到饱和的那一天，终需用几年的时间去静下心学习、沉淀和感悟。

有时我会特别怀念小时候，春天去外婆家的山头上看满山粉桃白梨花，落下的洗净晾干，外婆做成糕点；夏天把小脑瓜一头扎进大大的西瓜里，啃得满嘴巴都是甜腻的红色；秋天是那时最喜欢的季节，各种果子挂在枝头，啃得满心欢愉；而到了冬天，除了吃地窖里储存的白菜、萝卜，还可以在漫天的白雪覆盖时，撒些谷粒抓鸟儿烤来啃。

如今不论何时，可以在街头巷尾买到所有想吃的水果，不是说过季反季的瓜果不好吃，只是没有足够的好吃。

春夏秋冬，各按其时成为美好。

人生，应当也是一样的。七爬八坐九长牙呀！

什么样的鸡汤好喝？

阿 黄

在我小学三年级的时候，我就买了一本图文并茂、浅显易懂的《心灵鸡汤》，里面大致是每一个章节讲述一个故事，每个末章后跟着一个小尾巴，是编者根据故事延伸思想阐述的大道理，这本书之后成为我小学语文考试前虔诚朝拜的佛龛。

而后我再见到的心灵鸡汤，就不再是成册纸质的书本，而是社交平台一些鼓舞人心的短句，然后又演变成长微博的一大段套路——开始是写一个人的穷困潦倒颠沛流离，然后经过什么挫折怎么碰壁下定决心改变自己，最后讲下自己升职加薪当上CEO赢取白富美的现状，尤其是，最后一个自然段，那些看起来很厉害的总结。

我觉得，好的鸡汤，应该煲得入味，即使咽下去之后口中还可以留香，让人垂涎回想。千万句名人伟事，不及一句对症下药、一针见血地指出问题所在的良方。

在汤里最应该添加的，是字里行间透露的善意与真诚，让一些焦头烂额的人看到黑暗之光。在《解忧杂货店》里，杂货店老板浪矢爷爷在生前一直为那些拥有烦恼的人出着自己的主意。即使是小孩子式的问题，他也会认真地回答。不管你的回答是否帮助别人，你的善良都可以温暖别人。

浪矢爷爷说找他咨询的人都像是迷途的羔羊，"但他们手中通常都有地图，只是他们没有去看或者是不知道自己目前的位置。"其实，在每一个困惑的问题背后，都有提问者暗自偏向的答案。其实有的问题，他们在落笔前就已经做好了决定。那些带有煽动性的鸡汤，只不过是一些人的推理罢了。自己不去改变，得到什么回答也没有用。

　　所以，你若是想用鸡汤来做出长期的改变，假如没有加入什么实际性的动作，也只是感动了十分钟的速食，就跟我关注了健身的公众号后用眼睛做运动雷同。

　　也不知是从哪一夜起，反鸡汤成为雨后春笋，这些文章让我再看到鸡汤的文章后点击者的犹豫不决，反鸡汤的作者摆出一副"众人皆睡我独醒"的姿态挥斥方遒。

　　随便否认别人的世界观，整天那些把鸡汤当毕生座右铭的人像一个听信谗言的弱智。

　　每个人三观都有差异吧，你树立的信念不一定是他人供奉的信仰。有人想成为一个像样的人，接受挑战迎接苦难。也有人像《一个人的好天气》里的主人的最后一样，不愠不火，对生活既不积极也不消极，看着电车外的风景，只想平稳度过此生。

　　"任何选项，只要努力过，都是正确的选择。"

　　所以，永远不要指望用鸡汤来帮助你走出人生低谷，也不要用鸡汤来帮你做出决定，更不要指责鸡汤喝多发胖。它只是在你口含黄连后一时的调味，庙宇酥油蜡烛供奉的寄托，公交站台陌生人往淋雨人身侧倾斜的雨伞。

　　鸡汤应该出现在生活里，而不只是印刷体上。

生活是这样子，不如诗

草帽儿先生

1. 明明不相干的，也会在心里拐好几个弯想到你

校园十佳歌手选拔赛的时候有一个男生上去唱《童话》，明明音色美得令人沉醉，台下还是有不和谐的声音嚷嚷得震天响。

——哈哈哈那个人居然唱《童话》！八百年前就没有人唱这首歌了好吗！

杜嘟嘟丢过去一个嫌恶的白眼，不自觉地在座位上挪了挪身子以期离那个喷子更远一点。

谁说八百年前就没有人唱《童话》了？五年前的翟狄狄就特别喜欢这首歌的。

翟狄狄现在如果在这里，会不会跳起来揍台下那个碍眼的男生一拳？

欸？我怎么又想到他？

2. 喜欢一个人哪里是那么复杂的事情，有人物就好了，管他什么时间什么地点

故事的开头平淡无奇，翟狄狄是杜嘟嘟的初中前桌，长相普通，成绩普通，真的是丢到人海里捞半天也捞不着的那种类型。可是缘分这种东西偏偏不讲理，前后桌之间的距离那么微妙，最适合日久生情。

翟狄狄报名了歌唱比赛，准备演唱的曲目是那段时间红透半边天的《童话》，嘴巴一空闲下来他就开始哼哼唧唧地练歌。时间长了翟狄狄的同桌和前桌都难免有怨言，只有后桌杜嘟嘟不嫌弃他，面不改色地继续伏在桌上写习题，偶尔题目做得顺畅还会在中途停笔歇息的时候给翟狄狄鼓几下掌以示支持。

多亏了杜嘟嘟，前桌和同桌没再好意思阻拦翟狄狄练歌，他才能顺利在比赛里拿到名次。也多亏了翟狄狄，才让杜嘟嘟这个天生五音不全的人后来也能在KTV不走调地唱完整首歌。

杜嘟嘟上课喜欢转笔，松垮垮的笔帽随着笔杆的旋转飞了出去，不偏不倚地砸中前面翟狄狄的左肩。她的目光顺着笔帽飞行的路径看过去，男生的肩头俊俏挺拔，一时有些愣神，然后撞见听到动静回头的翟狄狄同样错愕的脸。

被砸多了的翟狄狄有时会故意把捡到的笔帽藏起来，等杜嘟嘟四处找不着急得跳脚才不紧不慢地掏出来放到她桌子上，然后自觉地伸出手让她打几下消消火。

杜嘟嘟的手劲儿不大，打在翟狄狄身上跟挠痒痒似的，翟狄狄的心间也仿佛有只小爪子在挠呀挠。

是翟狄狄先开口试探的杜嘟嘟，两个人周末聊QQ的时候，翟狄狄开玩笑般地说："杜嘟嘟我们在一起吧！"可杜嘟嘟从小到大都是乖乖女的典范，早恋这种事情哪里敢做，也不管翟狄狄到底是不是开玩笑，当即表示只想学习不想别的。

也多亏当时"我的心里只有学习"这句话还没有变成调侃金句，所以翟狄狄也随着气氛很严肃地承诺愿意等她。

郑重其事。

3. 这么多年。我希望他是我男朋友，可他不是。他们都曾经觉得他是，可他不是。他们都已经相信他果然不是，我却还希望他是。

　　杜嘟嘟看《你好，旧时光》里单洁洁和许迪的番外时，感觉胸腔始终闷闷的，既因为故事写得太好感染力太强，也因为故事感染力强到牵扯了自己的情绪。

　　她关于翟狄狄的记忆，就像撕得失败的标签，再怎么抠仍然粘有半块在心头，一不留神就会被硌到。

　　不生疼，也绝不舒服。

　　很多人都不相信杜嘟嘟都高三了还没有谈过一次恋爱，面对那些好奇的询问杜嘟嘟有点为难，总不能说，自己因为一个说要等她结果食言的人耽搁了吧？

　　杜嘟嘟和翟狄狄只坐了一年前后桌，可即使她和翟狄狄不再是前后桌，甚至不同班，翟狄狄也经常会去看望她，带上一些手工艺品，有时候是千纸鹤有时候是纸盒子。翟狄狄的手很巧，折出来的东西玲珑有致，杜嘟嘟喜欢得不得了，小心翼翼地带回家摆在书桌上。

　　杜爸爸看着自家女儿桌上多出来的一堆折纸有点疑惑，杜嘟嘟就涨红着脸支支吾吾地说是最近对手工制作感兴趣了。以前也不是没有收过男孩子送的东西，爸妈问起的时候杜嘟嘟都能镇定自若地讲清楚是谁谁谁送的，什么都不隐瞒。

　　大概是因为心虚才需要遮遮掩掩，那她在心虚什么呢？少女杜嘟嘟那天晚上第一次失眠了。

　　可惜由于情商是硬伤，杜嘟嘟失眠了一晚上什么都没想明白，唯一的收获就是她第二天上学一连在很多堂课上打瞌睡。在被同桌又一手肘捅醒后，杜嘟嘟觉得自己真是太堕落了，不仅撒谎骗爸爸，还上课睡觉，更加坚定了好好学习的决心。

　　有些事情好像就是从这时候开始慢慢起了变化，翟狄狄答应过杜嘟嘟的事经常不记得了，他忘了杜嘟嘟的生日，却在第二天给另外一个同学"庆生"……

　　翟狄狄开始时只是想借此吸引杜嘟嘟的注意力，"你看，我不围着你转圈也可以的啊"！最后居然就慢慢习惯了，冷漠假装得太过分，心就真的有了距离。而杜嘟嘟懵懵懂懂，还以为是翟狄狄耐不住性子打算放弃，不愿意去挽留一个要走的人。

杜嘟嘟看不明白翟狄狄的小心思，翟狄狄也不知道杜嘟嘟其实不是他想象中那样对他的喜欢全无回应。

两个人就这样顺理成章地错过。

后来翟狄狄辗转听说杜嘟嘟升入重点高中，学习还是和以前一样努力。恍惚间就想起他唱《童话》的时候只有她能不受丝毫影响，继续一丝不苟地刷题。她的刘海儿刚好齐眉，脸颊有淡淡的粉红色，做出难题来就会忍不住咧嘴笑然后停笔给他鼓掌。那一直是他喜欢的，杜嘟嘟的样子。

后来杜嘟嘟想明白了那时的心跳频率异常原来就是对某人心动的证明，也从别人的口中得知翟狄狄不止对她一个人说过"我喜欢了你好多年，我愿意等你"。散布八卦的那个人似乎还有很多话想跟杜嘟嘟爆料，杜嘟嘟却没有开口问。

谣传真真假假难分辨，翟狄狄的温柔却都是真的，杜嘟嘟还记得翟狄狄消瘦挺直的肩膀，记得他回头看见她发呆模样时露出来的促狭笑容。

她想把翟狄狄的好放在心里，比记住他的不好更有意义。

4. 生活就是如此，不如诗

小伙伴们都太过贴心，经常黏在一起无忧无虑吃吃喝喝玩玩闹闹说说笑笑。

杜嘟嘟心灵上的创伤总是能及时被友情抚平，所以那份青涩的爱恋能不能开花结果反而变得不那么重要。

诗人总是喜欢歌颂爱情，可是生活就是如此，不如诗。

杜嘟嘟也不是没有过遗憾，也曾为翟狄狄掉过眼泪，如今回想起来也还有点难过，只是，有些话就藏着吧，因为山高路远，翻山越岭也不一定能见到柳暗花明啊。

友情足以慰风尘。

你说我们的故事会不会有以后

理 椎

"你有没有真的喜欢过一个人？"
"什么样的喜欢？"
"喜欢到，以为他也喜欢你。"

1

那一日收拾抽屉，尽是初中时舍不得扔掉的杂物，一个个拿出来放在一旁，没承想找出了那一本原本怎么也找不到的日记。不用翻开我也知道里边写了什么，那里记着的，都是那些并不美好的故事，以及一个人的名字。

故事结束后原本想着用文字整理一遍，可是总是只想出开头不知如何结尾。直到分别后许久的某节晚自习，旁边坐着的学神突然问了一句，你有没有真的喜欢过一个人？脑子里突然就闪过他的脸，和那条结伴而行的路。我突然想把那个故事写出来，把那个少年写下来。

如同所有狗血的小言一样，男女主角的相遇并不友好，甚至还有些剑拔弩张的意味，而庸俗如我，这份剑拔弩张来自成绩。初中的第一天，那时的我还沉浸在小升初考试侥幸考好的兴奋里不可自拔，对分班表我下面的那个名字带着几分瞧不起，刚认识的同桌告诉我，那就是那个第二，抬头对上他的脸，黝黑，架着一副儿童眼镜，眼神犀利。

  那个年纪的我总是有些莫名其妙的骄傲，其实只是因为成绩好而已。个子小，却包在宽大的校服里，头发一周只洗一次，扎着油油的马尾假装豪爽，现在想想该是最不讨喜的模样。那时的他也是瘦瘦小小，总被同桌的男孩压在桌子上动弹不得，上课时总趴在桌子上，偶尔坐正跟我抢答那几道难题。我不喜欢这个抢我风头的男孩子，便开始处处针对他，却也因此留了心。有时看他被欺负还隐隐有些心疼，看着他终于"奋起反抗"竟还觉得兴奋。总是跟同桌传有关他的纸条，自己也隐约发现好像喜欢他。直到某个冬天的午后同桌问我，你是不是喜欢那个谁谁谁。心事被戳破的感觉如同被扒光了衣服，脸颊滚烫着把话题扯远。敏感如她，该早就发现了，因为我隐藏得那么笨拙。

2

  初中第一次考试终于来临，我考得出人预料地好，年级第二，再看他的名次，年级五十，那一刻舒了一口气，仿佛什么东西终于放下了。

  渐渐收去了锋芒，只是偶尔嘲笑他的长相——有点像大熊猫。寒假来临，学校补课，前排坐了一个有些痞痞的又很风趣的男孩，心思多少分了些去，对他的喜欢也少了几分。一个冬天过去后是平淡无奇的课程，他依旧坐得很远，很少有机会说话。那年夏天黑壮黑壮的詹姆斯终于捧到了奥布莱恩杯，换上庆祝T恤时他并没有流泪。他的篮球技术也终于有了长进，个子开始蹿得很高，成绩单上我俩名字之间隔了四五个人，同桌换成了一起长大的女孩儿，上学放学并排骑着车。某天上学路上遇见自行车坏掉的他，停下来让他骑我的车捎我，沿途遇见的同学都在一旁起哄，有些恼怒地解释，心里却甜得发疯。有时候下晚自习会一起骑车回家，到他家路口前的那段路总是骑得很慢，而那段路总是那么短，假装爽朗地跟他挥手告别，剩下的路飞快地骑过，心中兴奋得回家都笑着听妈妈数落又回来晚了。从那时起开始写很长很长的日记，日记里依旧不敢承认喜欢他，给他的代号是Panda，说他是我最好的朋友。

只是那时稚嫩的我不知道男孩子喜欢的是整洁漂亮笑起来露出八颗牙齿的女孩子，一心想着只要我考得好读更多书读更多有关NBA有关科比詹姆斯的东西他就会欣赏我就会跟我聊很多——乖巧如我，从未想过早恋，哪怕是让他喜欢我。

3

初二时班主任终于将他调成我的后桌，开始跟他煞有介事地争论浮力和压强，讨论谁是联盟最棒的球星，讨论到底曹操和刘备谁更厉害。他总是说没想到我懂的这么多，总是说跟我在一起很快乐。

那个冬天别人开始调侃我和青梅竹马的少年，平安夜那个少年托人给我带来苹果，偷偷幸福地吃掉，一直转头看见坐在教室另一头的他。第二天是他的生日，很早写给他的生日贺卡最终没有送出去。似乎逐渐有人察觉他之于我的不一般，但善良的他们都没有说破。那年冬天他去三亚，每天晚上都给我发他新拍的照片，照例在QQ上跟他胡侃一气。下着雪的早晨去老师家里补课，在小区门口互相等待，一起走上楼去。也许就是那时我觉得他待我与别人不同，他应该也是喜欢我的吧。同学间开始流行给彼此取好听文艺的名字，偷偷在日记里把他称作"映帆"——落日西斜，海面上映着归来的远帆。

至今为止我还是觉得最美的还是同他一起的时光。每天放学一起回家成了默契，一路聊些有的没的任凭人流从身边匆匆而过；排练节目的时候他吹萨克斯我跳舞，一圈一圈转着不知疲倦；他给我讲体育课上分组打篮球又得了多少分，我笑着听他说完尽管我已在旁边看完了全场；那时喉炎发作咳个不住，一把一把药吃下去不见效果，他给我带来家里的止咳糖浆，苦得要命的药水喝下去都变成甜的。某天课间聊起幼儿园发现我们竟是一个班的，自此深信"所有的相遇都是久别重逢"。有天上完课从老师家里出来依旧并排，到他平常转弯的路口自然又有些失落地同他说"再见"，继续往前走抬头看天时他的声音从身后传来"你怎么知道我从那条路走？"

也不是没有矛盾。晚自习老师并不在教室，纪律需要班长和我维持，有天教室里吵得引来了校领导。第二天班主任叫我们过去问谁吵得最厉害，一旁的班长说出了他的名字，于是大家都被罚写检查班会课读。他的检讨看似处处跟我道歉实则处处针对我，心里难受趴在桌子上哭，身后班长递过来纸巾也没有去接，泪眼蒙眬里看见他站在讲台上坏笑。发誓再也不理他，但最终还是被他用几颗棒棒糖收买。

詹姆斯终于打败了马刺赢得第二个冠军戒指，在教室里看见他和同伴一起大声说着笑着眼睛里有亮晶晶的东西，看着他的高兴也不禁嘴角上扬。

那时候我以为我们会一直这样直到高中大学。

可我说过，都是我以为。

4

初三运动会那天接力成绩被取消，我站在队伍里哭成泪人，他跟别人换位置站到我旁边安慰我，九月份的阳光照在他身上我才发现他已经那么高大，那一瞬间好像就是永远了。可就是那天回家时同那个女孩儿聊天，她告诉我她和他之间的故事，青梅竹马两小无猜，郎才女貌本就应该在一起，他们也确实在一起了，就在他对我最好的那个夏天。那天回家失魂落魄，被爸爸斥责也没有顶嘴，我发现真的是一地鸡毛。也就是从那时起我才知道男孩子喜欢的是好看优雅的女孩儿，而我什么都没有。很久以后上政治课讲哲学，老师说一个人最悲哀的时候其实是失恋，你会觉得自己的整个人都被否定，笑着点头想起那时的自己。

然后自作多情地调节他和女孩儿的关系——他们亦在那个夏天分手，分开之后他再没有同女孩儿说过话。我高估了自己在他心中的地位，也触及了他的底线，被一并无视。然后再不见放学后那个在教室门口等我一起走的少年。拧巴着没有去道歉，也是因为自己心里过不去那个坎儿——毕竟你怎么可以在对我最好的时候跟别人在一起。结局就是剩下的一年形同陌路。日记也因为"学业紧张"没有再翻开。

"最初不相识，最终不相认。"

考上那所著名的高中的时候他帮我查了成绩，我是班上唯一考上的女生，而他离录取分数线还差一些。他在班群里祝贺我而我心里只有失落。

毕业典礼后同学们都去找暗恋对象签名，来找我签名的还有班长。我望着远处的他和自己空空的校服，最终选择提前离开。回家后我开始写毕业感想，三页的篇幅对他只字未提。

5

第一个在异乡的圣诞节我给他发了长长的话说我喜欢过他，因为我也觉得应该有个像样点的结尾，当初的再见说得太仓促。他的回复是他很震惊，他说一直把我当成很好的朋友——你看就是这么尴尬，就像大鱼海棠里椿跟湫说你是个好人。寒假回去我想同他像再普通不过的同学一样打招呼，在小卖部门口上演偶像剧情节，男女主角在午后的阳光里相对而笑，不多言不走近，那个场景持续了很久，一旁的朋友表示甜得要命，可是我只有苦笑。

他来自习室给我送来果粒橙，礼貌地说我变好看了，我端详着看眼前的少年，真诚地说你也是，客套生疏。给他叠了千纸鹤让朋友转交，好久以后他留言说"快半学期了，我都没和你联系过。那张纸条我是在中秋节放假的时候收拾才发现（比较邋遢），我不知道你有没有学文，我觉得都一样。你们被很多人关注着，也许有些人不看好你。在他们不看好你的时候不要气馁，默默地接收、吸纳、转化成动力。你不是一个人。"

我没有再听朋友说有关他的八卦，他喜欢谁不喜欢谁其实都与我无关。有时候我也会假设，我们晚点遇见该多好，我成熟一点儿美丽一点儿他亦大度一点儿绅士一点儿，或许我们的故事会变得不一样。但那样的故事或许会变得美好，又或许平淡无味。倒不如就是现在这样，至少还留下那么多生动的回忆，让我在今天想起还有股酸酸甜甜的味道，我知道，那个味道不仅叫初恋，还叫成长。

后记：文字果然是最苍白无力的东西，还是无法描绘出当时那些故事以及微小的幸福。故事并没有完美地恢复原样，是我的文笔太拙劣。从构思到落笔不到两分钟，就着考试失利的悲伤写下这些句子，坐在昏黄的台灯前奋笔疾书，万籁俱寂时只听见笔尖游走的沙沙声和自己平静的心跳。写完后睡去，平稳的梦里并没有出现他，已经很久不再梦见他，也许我记得的，只是那时年少，男孩儿女孩儿嬉闹。